Sandra Salmandjee
bollywoodkitchen.com

Éloïse Figgé
hello-ayurveda.com

Ayurvéda food

Recettes et conseils nutrition pour améliorer sa qualité de vie

Photographies et stylisme des recettes : Sandra Mahut
Textes : Éloïse Figgé
Recettes : Sandra Salmandjee

MANGO Green

Préface

Comme beaucoup de gens de nos jours, je me suis tournée vers les médecines naturelles suite à une maladie. Ce fut une étape cruciale dans ma vie. De fil en aiguille, j'ai finalement rencontré l'ayurvéda au travers du yoga pour la première fois en Chine. J'y travaillais alors dans un domaine très différent. La fin de mon contrat de travail là-bas a marqué le début de mon voyage vers l'apprentissage de l'ayurvéda. Un dicton tibétain dit « Le voyage est un retour vers l'essentiel ». Quoi de plus essentiel en effet que la santé et le bien-être de soi-même et de ses proches ?

L'ayurvéda est une science millénaire. Son histoire pourrait se narrer comme un conte de fées d'une époque lointaine et reculée. On date ses origines aux 4 Védas, soit selon les débats entre 3 000 et 20 000 avant J.-C. D'abord oral, son savoir fut par la suite transmis par écrit aux environs de 3 000 avant J.-C. Les Védas sont les textes fondateurs philosophiques et religieux en Inde (hormis le bouddhisme et le jaïnisme).

Il est dit que l'ayurvéda fut révélé par les sages et physiciens de l'époque qui furent témoins des premiers regroupements des populations dans des environnements urbains et se sont alors sentis concernés par la santé et le bien-être du peuple. L'ayurvéda s'est donc développé pour répondre aux besoins physiques et sociologiques de l'humanité à cette époque. Il a ensuite été codifié et n'a depuis cessé d'évoluer pour soutenir et équilibrer l'homme dans son environnement changeant aux contraintes de plus en plus complexes.

La nutrition ayurvédique est née de la science ayurvédique. C'est un univers fascinant et unique que je vous invite à découvrir dans ce livre, avec une approche par saison. Le but est de comprendre cette méthode, mais surtout de se l'approprier au quotidien pour en tirer tous les bénéfices bien-être et santé !

Éloïse Figgé

Éloïse Figgé est praticienne en ayurvéda. En plus de son activité de conseil et de suivi holistique de santé, elle est passionnée par le bien-être naturel, la nutrition et la phytothérapie. Elle est aussi spécialisée dans le suivi des pathologies et de tout ce qui touche à l'univers féminin (cycle, fertilité, grossesse, post-partum, ménopause). Instagram : @Hello_ayurveda.

Sandra Salmandjee est spécialiste en cuisine indienne. C'est la cuisine de ses ancêtres qui aujourd'hui la rattache à ses racines. Elle partage sa passion pour la cuisine à travers son blog. Aujourd'hui consultante culinaire pour des marques et des restaurants, Sanjee organise des ateliers culinaires et des animations pour les entreprises et les particuliers, elle est aussi chef à domicile sur Paris.

Sommaire

PARTIE 1
Les bases

L'ayurvéda 10

La première science médicale 10
Une vraie médecine 10
La science de l'individu 10
Son principe de base : les 5 éléments et les 3 doshas 10
Que sont les doshas ? 11
La notion de caractéristiques 11
Caractéristiques et doshas 12
Caractéristiques et constitution 12

La nutrition ayurvédique 13

L'importance des enzymes 13
Un acte de pleine conscience 14
Comprendre notre relation avec la nourriture 14
Prendre conscience de nos repas 14
Nourrir nos 5 sens 14

La théorie des 6 saveurs 16

Doshas et goûts 16
Saveurs et éléments 16
Un équilibre sans interdit 17
Une alimentation de caractères 18
Les épices et les herbes 20

Techniques de cuisson et doshas 20

Quelles huiles privilégier ? 20
Qu'est-ce que le ghee ? 22
Recette du ghee 22

Règles ayurvédiques pour bien manger 24

10 règles simples 24
L'ordre des aliments 25
Les mauvaises associations alimentaires 25
Signes d'une mauvaise digestion 26
Astuces pour soutenir la digestion 26

Le placard idéal 28

Tableau des saveurs des aliments 34

Coaching par saison 36

Une approche par saison 36
Les bons réflexes 38

Les produits à éviter 42

Ayurvéda et détox 44

FAQ 46

PARTIE 2
Les recettes

Printemps 51

Ma shopping list 51
Salade de fenouil et mangue aux graines de sarrasin 52
Gambas grillées tandoori, houmous de petits pois au citron 54
Tarte fine de chapati, courgette, chèvre et miel 56

Sommaire

Poêlée de légumes verts, lentilles jaunes et graines de moutarde 59
Sauté de poulet aux épices douces 60
Compotée pomme-poire, figues et épices 62
Thé noir épicé Chaï Assam 65

Été 67

Ma shopping list 67
Lassi salé à la betterave 69
Wrap de chapati au poulet, cresson et cottage cheese 70
Taboulé à l'indienne 73
Cabillaud en papillote, huile de coco et pesto de menthe 74
Paneer grillé, maïs et poivron sauté aux graines de moutarde 76
Aubergines rôties au curcuma, raïta à la grenade 78
Eau parfumée au melon, cardamome et badiane 80
Salade de fruits de saison, sirop de rose et noisettes 83

Automne 85

Ma shopping list 85
Salade d'épinards, betteraves et panais rôtis 86
Naans garnis, crème d'avocats, chou-fleur et pois chiches 88
Saumon poché au lait de coco, okras et champignons 91
Courge farcie au paneer et crème safranée 92
Fricassée de poulet au yaourt et à la cardamome 94
Agneau confit au tamarin 97
Halwa à la noix de coco 98

Hiver 101

Ma shopping list 101
Pickles de radis noir 102
Tartines tièdes aux œufs pochés, pesto de chou kale et oignons caramélisés 104
Dahl de lentilles jaunes, chou kale et noix de coco 107
Velouté de patates douces au sésame noir 108
Consommé de riz complet pimenté, lotte et brocoli 110
Pullao de riz Basmati, potimarron et oignon rouge 112
Couscous épicé, légumes de saison confits 115
Infusion à la rose, gingembre et citron jaune 116

DIY 118

Pâte d'ail et pâte de gingembre 119
Pochon à épices 120
Lait d'amande 122
Mix de graines 125

Index par ingrédients 127

PARTIE 1
Les bases

– Les bases –

L'AYURVÉDA

LA PREMIÈRE SCIENCE MÉDICALE

L'ayurvéda est la première science médicale codifiée. En sanskrit, son nom signifie « science de la vie » ou « science de la longévité ». Il a pour but d'augmenter la durée et la qualité de la vie. Sa codification se base sur trois textes fondateurs : Charaka-samhita (médecine interne), Sushruta-samhita (chirurgie) et Ashtanga hridayam (analyse des précédents textes et approfondissement). Des siècles plus tard s'ajoutèrent d'autres essais. En effet, loin d'être exclusif et cloisonné, l'ayurvéda est évolutif. **L'ayurvéda est un système scientifique logique basé sur une longue histoire d'observations et d'expérimentations des êtres humains. Ses trois piliers sont la nutrition, les routines de vie et la phytothérapie.**

UNE VRAIE MÉDECINE

L'ayurvéda est une ancienne science indienne de santé **non seulement préventive mais aussi curative.** Elle permet de traiter de façon efficace les problèmes de santé de tous types (digestion, arthrite, problèmes de peau, gestion du poids, mémoire, insomnie...) ainsi que de soutenir les thérapies déjà existantes.

LA SCIENCE DE L'INDIVIDU

L'ayurvéda est aussi une science de l'individu car son approche varie pour chaque individu. Cette notion de singularité de la personne se décrit par notre constitution ou profil qui est établi à notre naissance. Cette constitution s'appelle « Prakruti » en sanskrit. Cependant, dans notre vie quotidienne, nous sommes bien souvent éloigné de notre constitution. Notre état courant se nomme « Vikruti ». L'ayurvéda estime l'écart entre ces deux états et considère que ce déséquilibre est la porte ouverte aux maladies. **Ainsi nous ramener à notre état de parfaite santé et le maintenir est le but ultime de l'ayurvéda.**

SON PRINCIPE DE BASE : LES 5 ÉLÉMENTS ET LES 3 DOSHAS

L'ayurvéda considère que le macrocosme influence le microcosme. Ce qui signifie que les éléments de notre environnement et de notre alimentation nous influencent. Elle a donc construit tout son système autour des 5 éléments et de leurs caractéristiques. La santé est perçue comme un état dynamique où ces 5 éléments doivent être constamment observés et ramenés à l'équilibre pour qu'ils n'entrent pas en conflit. C'est là qu'interviennent les doshas.
Les 5 éléments :

- Espace
- Air
- Feu
- Eau
- Terre

	Vata	**Pitta**	**Kapha**
Éléments	Air + Espace	Feu + Eau	Eau + Terre
Signification	« Ce qui circule » Vent, souffle	« Ce qui digère » Bile	« Ce qui lie » Mucus
Fonctions premières	Mouvement	Transformation	Structure, nutrition

QUE SONT LES DOSHAS ?

Il s'agit de trois principes biologiques qui contrôlent les 5 éléments de la nature. Chaque dosha a une fonction différente (métabolisme, physiologie, psychologie) et des caractéristiques bien distinctes. La mesure du niveau de chaque dosha permet de déterminer notre constitution.

Les doshas sont donc **trois gérants intelligents qui cohabitent** dans notre corps. Ils sont des forces biologiques observables par leurs actions. Cela s'appelle la théorie des tridoshas et forme la base du système ayurvédique.

Le but n'est pas de nous classer par constitution mais de comprendre que nous avons des fonctionnements différents. Selon l'ayurvéda, il n'y a pas de « normalité ». Comprendre notre constitution est un élément clé puisque cela permet d'appréhender le fonctionnement de notre organisme.

Ces doshas sont utilisés de façon très diverse en ayurvéda : en anatomie et en physiologie, pour décrire notre constitution et notre état actuel, en pathologie pour décrire les causes et les types de maladies, dans la vie quotidienne pour parler du temps, des saisons, de la nourriture, pour déterminer les traitements…

LA NOTION DE CARACTÉRISTIQUES

Pour bien comprendre la fonction des doshas, il faut revenir à la notion d'attributs ou de caractéristiques. Qu'est-ce donc ? Il s'agit d'un adjectif descriptif. Selon les Védas, toute substance existe de par son alliance indivisible d'attributs et d'actions.

Les caractéristiques d'une substance définissent ses actions. L'ayurvéda a codifié tout un système d'identification de la matière. Ce système est comme le système chinois basé sur la nature dualiste de la matière. Ces attributs existent sous forme de 10 paires qui permettent de définir et de décrire tout objet (aspect structurel et fonctionnel).

– Les bases –

Lourd	Clair (P) / Léger (V)
Lent / Faible	Pénétrant / Perçant
Glacé (V) / Froid (K)	Chaud
Huileux (P) / Onctueux, humide (K)	Sec
Doux	Rugueux
Dense	Humide (K) / Liquide (P)
Mou	Dur
Subtil	Grossier
Mobile (V) / Dispersif, progressif (P)	Stable
Clair	Trouble / Collant

Ces 10 paires fournissent un modèle de travail. C'est aussi la principale façon de choisir des thérapies ou des substances thérapeutiques en ayurvéda à partir de leur observation.

CARACTÉRISTIQUES ET DOSHAS

Doshas	Éléments	Caractéristiques
Vata	Air + Espace	Sec, léger, glacé, rugueux, subtil, mobile, clair
Pitta	Eau + Feu	Huileux, perçant, chaud, clair, progressif, liquide
Kapha	Eau + Terre	Lourd, lent, froid, doux, dense, mou, stable, liquide

CARACTÉRISTIQUES ET CONSTITUTION

En fonction des attributs qui nous qualifient naturellement (à la naissance), on peut déterminer notre constitution de façon précise. Nous possédons tous ces 3 doshas dans notre constitution mais à des niveaux différents et surtout avec des caractéristiques différentes. Ces attributs peuvent aussi s'exprimer d'une multitude de façons. De plus, l'étude de nos attributs permet aussi de mieux comprendre notre état actuel comparé à notre état de pleine santé.

De nombreux questionnaires ont été créés dans le but de nous aider à établir notre constitution. Il est toutefois important de bien différencier les choses qui nous caractérisent depuis toujours (« Prakruti ») des choses liées à notre état actuel (« Vikruti »). Il est aussi parfois difficile de bien nous juger. C'est en cela que le praticien en ayurvéda peut aider de par sa technique de questionnement ainsi que sa lecture du pouls.

– Les bases –

LA NUTRITION AYURVÉDIQUE

L'IMPORTANCE DES ENZYMES

L'ayurvéda considère que notre fonction digestive est l'élément clé de notre santé. C'est en effet à travers notre système digestif que l'on absorbe et assimile tout ce dont notre corps a besoin comme énergie, mais aussi pour la formation de tous les autres produits nécessaires au bon fonctionnement de notre organisme.

Ainsi, l'efficacité de notre digestion est capitale à notre santé et à notre bien-être. C'est pourquoi, au-delà de ce que nous mangeons, l'ayurvéda intègre aussi une autre dimension : ce que nous assimilons vraiment. Le rôle principal des enzymes digestives est de favoriser l'absorption des nutriments en améliorant la digestion. Ce sont des protéines que l'on trouve dans tout l'appareil digestif : la salive, les parois de l'estomac, le liquide pancréatique ou l'intestin. Elles sont très nombreuses : protéase, lipase, amylase, cellulase, lactase...

Ces enzymes sont des protéines spécifiques qui se lient aux grosses molécules de nourriture pour les décomposer en molécules plus simples (amidon, sucrose, glucose, lactose, acides gras…) et donc facilement assimilables.
Sans une production adéquate d'enzymes, notre organisme, avec la digestion, vit un moment difficile, susceptible d'aboutir à différents désordres chroniques. Les enzymes sont très sensibles à la température et à l'acidité (excès ou manque) du milieu dans lequel elles vivent.

Un déséquilibre perturbe leur production, leur fonctionnement et empêche notre organisme de digérer convenablement les aliments, inhibant l'absorption des nutriments et permettant aux graisses de s'accumuler. De mauvaises habitudes alimentaires conduisent aussi à ce résultat. Les symptômes d'une activité enzymatique perturbée sont variés : allergies alimentaires, gaz, ballonnements, fatigue…

De plus, le rôle des enzymes ne se limite pas à la digestion. Il y a également les enzymes métaboliques, qui sont responsables de la réparation, de la formation et du fonctionnement de chaque cellule dans chaque tissu de notre organisme. Elles agissent notamment dans les processus immunitaires mais donnent aussi pouvoir à notre pensée, à notre respiration, à notre activité sexuelle...

À chaque instant, des milliers d'enzymes métaboliques différentes sont impliquées dans chaque élément du fonctionnement de notre corps. **L'approche ayurvédique commence donc par un bilan de notre fonction enzymatique.** Nous venons tous au monde avec une base enzymatique de force différente. L'ayurvéda pense de façon individuelle : à un métabolisme unique, une alimentation adéquate.

– Les bases –

> **L'ayurvéda représente la fonction enzymatique comme un grand feu. Elle le nomme « Agni ». Comme un feu de camp, il faut l'entretenir constamment. Parfois l'augmenter, parfois le tempérer. Tout est affaire d'équilibre. Elle considère qu'un appétit réel et régulier donne un bon indice de l'état de notre Agni.**

UN ACTE DE PLEINE CONSCIENCE

L'ayurvéda pense que ce n'est pas seulement ce que nous mangeons qui importe, mais aussi comment nous le mangeons. Souvent, notre quotidien nous contraint à prendre des repas sur le pouce, dans les transports, entre deux rendez-vous, voire au travail. Faute de temps et d'énergie, nous n'accordons pas ou peu d'attention à nos repas. Pourtant, se nourrir est un art qui, comme tout art, a des règles.

COMPRENDRE NOTRE RELATION AVEC LA NOURRITURE

Comment percevons-nous la nourriture ? Une obligation ? Une échappatoire ? Plutôt de façon positive ou négative ? Ressentons-nous de la culpabilité ? Du plaisir ? Tout cela affecte le fonctionnement métabolique de notre corps. L'ayurvéda prône le plaisir, dans un sens équilibré, comme le meilleur allié pour gérer notre relation avec notre alimentation. Il s'agit d'une approche joyeuse de la nourriture, sans extrême. Le meilleur aliment, si l'on ne l'aime pas, ne nous apportera rien de bon.

PRENDRE CONSCIENCE DE NOS REPAS

En ayurvéda, manger est un acte de pleine conscience. Lorsque nous mangeons, nous devons concentrer notre attention sur cela. Pourquoi ? Parce que partager notre attention entre plusieurs choses nous disperse et donc diminue notre capacité digestive. En effet, le pouvoir conscient de l'esprit est déterminant. Si nous croyons en quelque chose et que nous le faisons consciemment, nous obtenons des bénéfices bien plus importants qu'en le faisant de façon automatique ou machinale. Comment manger consciemment ? Concentrer simplement notre attention sur la nourriture en l'appréciant. Le tout sans regarder la télévision, écouter la radio, écrire des textos ou encore lire son journal. Au départ, nous contenter de manger est étrange. Dans ce cas, un dîner entre amis peut aider.

NOURRIR NOS 5 SENS

Les aliments ne satisfont pas uniquement nos besoins caloriques, nutritifs et notre faim. Ils doivent aussi combler nos 5 sens ainsi que notre esprit pour nous donner du plaisir. En effet, le goût mais aussi l'odeur, la texture, l'apparence, voire le bruit sont importants.

– Les bases –

LA THÉORIE DES 6 SAVEURS

DOSHAS ET GOÛTS

En se basant sur les 5 éléments, l'ayurvéda a créé une classification des aliments selon différents critères : leurs saveurs, leur action métabolique et leur action digestive.

- Les saveurs : Il existe 6 goûts fondamentaux. Ils ont des effets très différents aux niveaux des fonctions physiologiques et psychologiques et ils affectent aussi différemment les doshas.

SAVEURS ET ÉLÉMENTS

Saveur	Éléments
Sucré/Neutre	Terre et Eau
Acide/Aigre	Terre et Feu
Salé	Feu et Eau
Piquant	Feu et Air
Amer	Air et Espace
Astringent	Air et Terre

En comprenant le lien entre saveurs et éléments, on peut directement savoir quelles saveurs équilibrent ou perturbent les doshas quand elles sont prises en quantités excessives.

Saveur	Quelques exemples d'aliments
Sucré/Neutre	Lait, céréales, certains fruits (banane, mangue, datte…), légumes cuits (betterave, courge, patate douce…), huiles, ghee…
Acide/Aigre	Citron jaune/vert, pamplemousse, aliments fermentés (sauce soja, miso, pickles, alcool, vinaigre…), produits laitiers aigres (yaourts, crèmes)
Salé	Différents sels, algues
Piquant	Ail, gingembre, ase fétide, poivre, oignon, radis
Amer	Curcuma, aloe vera, endive, laitue, légumes verts à feuilles, aubergine, courgette, café, olive, chocolat
Astringent	Fruits secs, légumes crus, grenade, canneberge, poire, brocoli, chou-fleur, asperge, haricot vert, navet, sarrasin, quinoa, les plantes en général

Types	Éléments	Saveur associée	Saveurs équilibrantes	Saveurs déséquilibrantes
Vata	Air et Espace	Amer	Sucré/Aigre/Salé	Piquant/Amer/Astringent
Pitta	Feu et Eau	Salé	Sucré/Amer/Astringent	Aigre/Salé/Piquant
Kapha	Eau et Terre	Sucré	Piquant/Amer/Astringent	Sucré/Aigre/Salé

Selon l'ayurvéda, les 6 goûts doivent toujours être présents dans l'assiette pour une alimentation saine et équilibrée. La diététique ayurvédique enseigne à utiliser d'une façon correcte et naturelle les aliments et les épices. Leurs goûts, caractéristiques et propriétés, si bien dosés et utilisés, peuvent rendre la nourriture plus digeste et assimilable par l'organisme et ainsi favoriser la santé.

- **L'action métabolique :** capacité des aliments à « chauffer » ou à « refroidir » notre corps ainsi que l'action des enzymes au niveau du métabolisme. **Vata et Kapha étant tous deux froids, ils préféreront généralement un aliment plus chauffant alors que Pitta privilégiera un aliment plus refroidissant.** Cependant, cela varie suivant son état, le lieu, la saison…
- **L'action digestive :** l'action d'un aliment une fois digéré, soit sur la croissance/régénération des tissus (anabolique) soit la décroissance/détoxification des tissus (catabolique).

Saveur	Action métabolique	Action digestive
Sucré	Refroidissant	Augmente fortement les tissus
Acide/ Aigre	Chauffant	Augmente les tissus
Salé	Chauffant	Augmente légèrement les tissus
Piquant	Chauffant	Réduit les tissus
Amer	Refroidissant	Réduit fortement les tissus
Astringent	Refroidissant	Réduit légèrement les tissus

Saveur	Actions sur le métabolisme
Sucré/ Neutre	• Développe et régénère les tissus, augmente les fluides corporels, le sang, les muscles, la graisses, les tissus osseux et nerveux. • Donne de la force et de l'énergie. • Stimule l'immunité, la croissance et la reproduction. • Confère plaisir, amour et entrain.
Acide/ Aigre	• Stimule la digestion et l'élimination. • Favorise et améliore le fonctionnement des sens (vue, ouïe). • Augmente la température corporelle, la sécrétion de fluides. • Donne de la force.
Salé	• Favorise la digestion. • Diminue l'accumulation des toxines dans les tissus. • Augmente la production de salive. Laxatif léger. • Procure enthousiasme et courage.
Piquant	• Stimule l'appétit, la digestion, l'absorption et l'assimilation. • Augmente la circulation sanguine et la température (donc la transpiration). • Réduit les gaz. • Purifie le sang et la peau. • Donne de l'entrain, de la passion.
Amer	• Purifie le sang, détoxifie l'organisme. • Réduit les fluides. • Régule les problèmes de peau. • Anti-inflammatoire. • Augmente l'action des autres saveurs. • Augmente l'acuité intellectuelle.
Astringent	• Tonifie le tissu musculaire. • Anti-inflammatoire. • Stoppe les saignements. • Favorise la digestion. • Augmente la créativité.

UN ÉQUILIBRE SANS INTERDIT

Quand nous parlons d'éviter certaines saveurs ou aliments, cela ne signifie en rien qu'il faut les proscrire de notre alimentation. **L'ayurvéda considère que les aliments et les goûts ne sont par nature ni bons ni mauvais.** Tout dépend de notre constitution, de la quantité d'aliment ingérée, de la manière, voire de la saison ou de l'heure où nous mangeons.

UNE ALIMENTATION DE CARACTÈRES

En ayurvéda, on considère que les aliments ont une influence directe sur notre mental : nos émotions, notre détermination et nos tempéraments. On parle de 3 grandes caractéristiques (sattva, rajas et tamas) pour décrire l'effet des aliments sur notre psyché.

- **Sattva** représente l'amour, la clarté, la compréhension, la compassion, la paix et la pureté.
- **Rajas** est relatif au mouvement, à la passion, l'activité, le désir et l'ambition.
- **Tamas** s'exprime par l'inertie, la noirceur, la lenteur et le détachement.

Les aliments sattviques sont censés procurer la joie et la clarté mentale. Les aliments rajastiques favorisent la sensualité, la gourmandise, l'activité et la sexualité. Les aliments tamastiques amènent le repos et le sommeil. Dans la vie quotidienne, nous avons besoin de ces 3 énergies : sattva pour se lever, rajas pour ses activités et tamas pour se coucher. Faire attention à incorporer ces 3 types d'aliments dans notre alimentation est donc important. Le bon ratio serait d'avoir environ 40 % d'aliments sattviques, 30 % rajastiques et 30 % tamastiques. La consommation excessive d'une catégorie d'aliments ne sera pas bénéfique. Trop de sattva diminue notre attention, trop de rajas tend à pousser à la colère, la jalousie, l'égo et la violence, et trop de tamas conduit à l'inertie, la paresse, le pessimisme et la déprime.

Aliments	Tamas	Rajas	Sattva
Fruits	Avocat, pastèque, prunes, abricot	Fruits aigres, orange, pomme, banane, tamarin	Mangue, grenade, noix de coco, figue, pêche, poire
Légumes	Champignons, ail, oignon, potimarron	Pommes de terre, solanacées, chou-fleur, brocoli, épinard, courges…	Patate douce, laitue, persil, germes, légumes verts feuillus, courgette, asperge, artichaut
Céréales	Blé, riz brun	Millet, maïs, sarrasin	Riz Basmati, tapioca, quinoa, maïs bleu, orge
Légumineuses	*Urad dal* haricot noir, haricot pinto et haricot rouge en grande quantité	Lentille brune, toor dal, azuki, petite quantité de haricots pinto, noirs et rouges	Haricot mungo, lentille corail et jaune, haricot de Lima
Laitages	Fromages à pâte dure (âgé), lait stérilisé, œufs	Crème, beurre salé, fromages crémeux, glaces	Lait frais, entier et non stérilisé : lait de vache, ghee, fromage à pâte souple…
Viandes	Bœuf, porc, agneau	Poisson, crevette, poulet	Aucune
Noix et graines	Cacahuète, sésame noir	La plupart des noix, sésame brun	Amande, sésame blanc, noix de cajou, graine de tournesol
Épices	Noix muscade, piment fort	Curry, chili, piment de Cayenne, poivre noir	Safran, curcuma, cardamome, coriandre, fenouil, cumin
Sucres	Molasse, stévia, sucres industriels	Sucres artificiels, miel chauffé	Sucre cru, miel, sucre de canne, sucre de coco
Boissons	Alcools, drogues	Café, thé vert et noir	Certaines herbes en infusion

Vata

– Les bases –

LES ÉPICES ET LES HERBES

Les épices sont un élément capital de la nutrition ayurvédique. Au-delà de leurs qualités gustatives, elles sont utilisées de façon ancestrale dans de nombreuses cultures pour leur action stimulante sur la digestion. En ayurvéda, elles sont aussi « des remèdes » pour les aliments afin de les rendre parfois plus équilibrants. En effet, les épices modifient les qualités des aliments, ce qui nous permet de mieux les adapter à notre constitution ou à la saison pour en tirer un meilleur bénéfice. Les épices sont aussi toniques, carminatives, diaphorétiques, stimulantes, laxatives…

TECHNIQUES DE CUISSON ET DOSHAS

La façon dont un aliment est préparé affecte différemment notre corps et notre digestion. L'approche occidentale considère que certaines techniques de cuisson influent la composition des aliments en vitamines et en minéraux. L'ayurvéda intègre cela mais pense aussi que certaines techniques de préparation sont meilleures selon les doshas à équilibrer. Les meilleures techniques pour les 3 doshas restent la cuisson vapeur, le sauté vapeur, le mixé ou écrasé, ou encore faire tremper ou germer. Dans la majorité des cas, on privilégiera la technique sauté vapeur. Faire rissoler les épices (en graines surtout, mais aussi en poudre) libère et amplifie leurs actions. L'ayurvéda considère que les huiles et le ghee sont des médiums pour communiquer aux différents tissus de notre organisme.

QUELLES HUILES PRIVILÉGIER ?

Le terme sanskrit pour les huiles est « sneha », ce qui signifie à la fois « gras » et « amour ». L'huile nourrit tous nos tissus corporels ainsi que notre esprit. Les lipides sont la première source d'énergie pour notre corps. Ils permettent d'augmenter notre température corporelle, de lubrifier notre système digestif, de produire les acides gras essentiels à l'absorption des vitamines A, D, K et E, et fournissent également les éléments de base pour la production de nos hormones. Ils donnent aussi un sentiment de satiété et embellissent notre teint, chevelure et peau. On différencie les huiles mono ou polyinsaturées qui sont liquides des huiles saturées qui sont solides. Les huiles mono-insaturées sont connues pour leur richesse en oméga 9 alors que les polyinsaturées fournissent plus d'oméga 3 et 6. La tendance actuelle est de favoriser les apports en oméga 3 et 9 pour équilibrer notre alimentation déjà fournie en oméga 6. Dans tous les cas, des huiles vierges de première pression à froid (ou extra vierges) sont préférables pour leurs substances nutritives naturelles actives préservées.

– Les bases –

	Hiver	Printemps	Été	Automne
À froid	Huile de lin, huile de pépin de courge, huile de sésame, huile d'amande, huile de carthame, huile de cameline	Huile de lin, huile de colza, huile de carthame, huile de pépin de raisin, huile d'olive, huile de pépin de courge	Huile de colza, huile de pépin de raisin, huile d'olive, huile d'argan, huile de pépin de courge, huile de pavot bleu, huile de caméline, huile de chardon-Marie	Huile d'amande, huile de colza, huile de noisette, huile de noix, huile de carthame, huile d'olive, huile d'argan, huile de pistache, huile de noix de cajou, huile de pavot bleu, huile de cameline
En cuisson	Ghee, huile d'olive, huile de sésame, huile de tournesol, huile de maïs, huile d'amande (cuisson très basse)	Ghee, huile de tournesol, huile de maïs, huile de tournesol, huile d'olive	Ghee, huile de soja, huile d'olive, huile de tournesol, huile de coco, huile d'avocat	Ghee, huile de sésame, huile d'olive, huile de tournesol, huile d'avocat, huile de moutarde, huile d'amande (cuisson très basse)

QU'EST-CE QUE LE GHEE ?

Le ghee est un produit laitier de premier choix en Inde. Il s'agit d'un beurre clarifié, dépourvu de lactose et de caséine, ce qui le rend consommable pour tous les intolérants au lactose et permet aussi d'augmenter son point de fumée (et donc de le rendre utilisable pour la cuisson).

En plus de sa saveur gustative, le ghee a de nombreuses qualités curatives : il est régénérant, protège la moelle osseuse et le tissu nerveux, booste l'immunité, la mémoire… Il est tridoshique mais doit cependant être consommé en quantité moindre pour les Kapha.

De plus, à la cuisson, le ghee assimile et exalte les propriétés des aliments et des épices, contrairement à l'huile qui les transforme.

RECETTE DU GHEE

Ingrédients pour 50 cl de ghee

2 plaquettes de beurre bio
1 étamine ou une passoire très fine pour filtrer le beurre

Faites cuire le beurre coupé grossièrement dans une casserole à fond épais pendant 45 minutes à 1 heure (selon la teneur en eau de votre beurre) à feu moyen. Écumez le beurre au fur et à mesure.

Une fois le beurre cuit, filtrez-le pour éviter les dépôts à l'aide de étamine ou de la passoire.

Versez le ghee dans un bocal en verre avec couvercle. Quand il est refroidi, conservez-le au frais (il se figera) ou à température ambiante.

– Les bases –

RÈGLES AYURVÉDIQUES POUR BIEN MANGER

10 RÈGLES SIMPLES

1 • **Je mange dans un environnement où je me sens bien.** L'environnement dans lequel nous mangeons est très important. En fonction de celui-ci, nous pourrons soit nous relaxer, soit ressentir plus de tensions.

2 • **Je mange seul ou bien entouré.**
En ayurvéda, on dit souvent qu'un repas se prend soit seul soit entouré de gens que nous apprécions. Les temps de repas ne doivent jamais être des temps de conflits car cela entrave la digestion.

3 • **Je ne mange pas quand je suis perturbé émotionnellement.** Manger quand nous sommes en colère, triste, déprimé est garant d'une mauvaise digestion. Là encore notre attention n'est pas là et comme notre esprit est occupé à penser, nous ne savons pas mesurer notre faim.

4 • **Je mange à des heures régulières en fonction de ma constitution et des saisons.**
Comme nous, notre organisme a besoin d'une routine pour pouvoir bien fonctionner. Il est donc important de suivre un planning de repas réguliers. Cela change avec les saisons et nos activités.

5 • **Je mange en accord avec ma capacité digestive et je mâche bien !** Il faut savoir s'écouter pour identifier quand nous avons fini de manger, ce qui n'est pas forcément quand notre assiette est vide. L'ayurvéda enseigne que l'esto mac, après notre repas, devrait être rempli d'un tiers de nourriture solide, un tiers de liquide et un tiers de vide. Cela est la proportion idéale pour que notre estomac puisse fonctionner. Cette légèreté nous évitera pas mal de désagréments post-digestifs (fatigue, léthargie...). Il faut prendre le temps de bien mâcher notre nourriture afin d'apprécier les saveurs, mais aussi de faciliter notre travail de digestion.

6 • **Je mange des aliments en accord avec mon état présent (âge, saison, activité) et ma constitution.**

7 • **J'ai une alimentation incorporant les 6 goûts.**

8 • **Je mange une cuisine faite maison avec des aliments de qualité** (biologiques ou agriculture raisonnée aussi souvent que possible, locaux, de saison, frais).

9 • **Je mange des produits simples bien préparés.** L'ayurvéda parle peu de super-aliments, même si elle peut les utiliser. Il pense qu'il faut se concentrer sur des produits quotidiens, locaux et bien cuisinés.

10 • **J'utilise des sels minéraux plus riches et moins chauffants que des sels marins.**

L'ORDRE DES ALIMENTS

Nous avons admis que les saveurs ont des effets différents sur notre digestion. Cela se traduit par un ordre chronologique préférentiel pour déguster nos aliments pendant nos repas.

1 • Sucré/neutre

Commencer par des notes sucrées, douces, agréables ou plus neutres : céréales, viandes, pain, certains légumes cuits… En somme tous les aliments les plus denses. La saveur sucrée est souvent la plus lourde à digérer car la plus nutritive.

2 • Aigre

La saveur aigre ou acide est puissante pour augmenter la sécrétion d'enzymes digestives intestinales. Elle est chauffante, ce qui relance le feu digestif après la saveur sucrée refroidissante et lourde. Des aliments aigres de type fermentés sont aussi conseillés avant les repas pour stimuler l'appétit.

3 • Salé

Le goût salé accélère aussi la digestion et apporte la satisfaction.

4 • Piquant/épicé

Le côté piquant/épicé augmente la température et la circulation, et soutient les processus d'élimination.

5 • Amer/astringent

Les saveurs amères et astringentes sont utilisées pour clôturer le repas. Leur qualité « sèche » assèche un peu la bouche, ce qui calme notre faim et tempère notre feu digestif. Manger quelque chose d'astringent est aussi le meilleur remède à une envie incontrôlable de sucré en dessert !

LES MAUVAISES ASSOCIATIONS ALIMENTAIRES

Certains aliments ne doivent pas être mélangés au cours d'un même repas pour ne pas perturber la digestion. Il est préférable de les éviter au maximum.

Ne pas manger de	Avec
Légumineuses	Fruits, œufs, fromages, poissons, lait, viandes, yaourts
Œufs	Fruits (spécialement le melon), légumineuses, fromages, poissons, lait, viandes, yaourts
Fruits	Tous les fruits doivent être consommés seuls, en dehors des repas.
Céréales	Fruits, tapioca
Miel	Avec la même quantité de ghee en poids
Citron	Concombre, lait, tomate, yaourts
Melon	Tout spécialement laitages, œufs, aliments frits, céréales, crackers, amidon
Lait	Banane, cerise, fruits aigres, pain, poissons, viandes, yaourts
Aubergine, tomate, pomme de terre	Melon, concombre, laitages
Radis	Banane, raisin, lait
Tapioca	Fruits (surtout banane et mangue), légumineuses, raisins secs
Yaourts	Fruits, fromages, œufs, poissons, viandes, lait, aubergine, pomme de terre, tomate

SIGNES D'UNE MAUVAISE DIGESTION

Si vous expérimentez certains de ces symptômes, c'est que vous êtes concerné par ce problème : constipation, gaz, ballonnements, prise de poids, perte de poids, somnolence, crampes abdominales, fatigue, remontées acides, selles molles, nausée, ulcères, allergies.

Que faire pour faciliter sa digestion ?

• **Avant de manger** : booster sa digestion. Manger une petite quantité d'aliments aigres ou fermentés : pickles, kéfir, kombucha. Sinon prendre une petite tranche de gingembre frais, saupoudré d'une pointe de sel et d'un filet de citron.

• **Pendant le repas :** faciliter le travail de l'estomac. Boire de petites gorgées d'eau chaude ou d'infusion. Prendre le temps de mâcher consciencieusement.

• **Après manger** : un petit coup de pouce. Ne pas consommer de dessert ou de boisson glacée en fin de repas. Éviter de boire (en dehors de la tisane digestive) pendant 1 heure après le repas. Terminer le repas par une tisane digestive. Finir son repas par un lassi fait avec ½ yaourt, 100 ml d'eau, 2 pincées de gingembre en poudre et de cumin. Faire une marche de 10 minutes après manger.

ASTUCES POUR SOUTENIR LA DIGESTION

Aliment	Remèdes équilibrants
Lait entier	Le faire bouillir deux fois, safran
Fromage	Poivre noir, chili
Yaourt	Cumin, gingembre ou utiliser des yaourts faits à base de laits végétaux
Glace	Clou de girofle, cannelle, cardamome
Légumineuses	Ase fétide, gingembre, sel, kombu, graines de moutarde, chili
Riz	Poivre noir
Blé	Ajwain, gingembre
Avocat	Poivre noir, curcuma, citron
Choux	Ase fétide, cumin, graines de moutarde, curcuma
Pomme de terre	Ghee, poivre noir
Salade	Avocat et/ou vinaigrette à l'huile
Tomate	Citron vert
Banane	Cardamome
Mangue	Ghee
Noix et fruits secs	Les faire tremper toute la nuit
Graines	Les poêler à sec
Chocolat	Cardamome
Café	Noix muscade, cardamome
Thé	Gingembre frais, cannelle
Sucres	Gingembre en poudre

Le placard idéal

SYRUP
ROSE
FLAVOUR
ROSE BRAND

– Le placard idéal –

LE GINGEMBRE

Cette racine est utilisée traditionnellement dans les médecines chinoise et ayurvédique. Originaire d'Asie, elle est à présent cultivée et utilisée dans le monde entier. Il en existe de nombreuses variétés. Le gingembre peut être utilisé frais, bénéfique pour les 3 doshas (surtout en été), ou en poudre, plutôt pour Vata et Kapha en hiver. Il est connu pour ses vertus aphrodisiaque, digestive, chauffante, laxative, antispasmodique, antiflatulente, antivomitive, décongestionnante, analgésique, tonique… On l'utilise pour traiter des problèmes de santé variés : circulatoires, osseux, digestifs… Sa saveur unique et piquante est délicieuse aussi bien en sucré qu'en salé.

LE CURCUMA

Originaire d'Asie du Sud et d'Inde du Sud, le curcuma, cousin du gingembre et roi des plantes ayurvédiques, peut être consommé frais ou en poudre. Bien qu'il ait une prédominance amère, l'ayurvéda considère le curcuma bénéfique pour les 3 doshas. Les études modernes confirment ses multiples vertus pour la santé. Son action anti-inflammatoire est la plus connue, mais il ne faut pas oublier les autres : altérative, antibactérienne, antitumorale, antiallergique, diurétique, stimulante, vulnéraire, astringente, antispasmodique… On l'utilise pour traiter de nombreuses maladies. Ses vertus purifiantes qui nettoient le sang et le foie sont utilisées pour détoxifier l'organisme ainsi que pour traiter les problèmes de peau. L'ingrédient actif du curcuma est la « curcumine » qui est responsable de ses actions biologiques. À savoir : quand on l'associe avec du poivre noir, la curcumine est 2000 fois plus active.

LA CARDAMOME

Originaire d'Inde du Sud, la cardamome est connue sous différentes formes : en poudre, en graines ou en gousses. Cette épice est très utilisée en Inde, aussi bien dans des plats sucrés que salés. Elle a une saveur sucrée et épicée, et est aussi chauffante et régénérante pour le métabolisme. La cardamome est un magnifique stimulant digestif qui soulage effectivement l'indigestion, la constipation, la nausée, les gaz… Son action antiacide permet de calmer les inflammations, d'apaiser les douleurs et de protéger notre organisme des aliments trop acides. Elle est d'ailleurs utilisée comme remède dans le café, et traite aussi les troubles respiratoires, les coups de froid, les problèmes circulatoires, le diabète, la mauvaise haleine et la constipation. Le mieux est d'acheter des gousses pour une meilleure fraîcheur et qualité, à réduire si besoin en poudre. Elle s'associe à merveille avec les saveurs sucrée et piquante comme le fenouil, l'orange, la cannelle ou le clou de girofle.

LA CORIANDRE

Utilisée dans de nombreuses cuisines, la coriandre est connue pour sa saveur sucrée et astringente, son côté frais et refroidissant ainsi que son action digestive. Bénéfique pour les 3 doshas, elle est excellente pour traiter les problèmes Pitta de par ses actions anti-inflammatoire et refroidissante. Elle soutient la digestion, augmente l'appétit, est diurétique, apaise la soif excessive, et améliore l'assimilation et la perception des goûts. Elle augmente la clarté mentale et la mémoire. Elle peut être utilisée fraîche, en graines ou en poudre. Les graines de coriandre sont souvent associées avec des graines du cumin et de fenouil pour leurs actions digestives synergétiques, en churna ou en infusion. La plante fraîche est aussi un antidote avéré pour équilibrer des aliments trop chauffants ou piquants.

LES GRAINES DE MOUTARDE

La plante est de la famille des Brassicasées, comme les choux et le brocoli. Il en existe de multiples variétés selon les pays. Les graines sont principalement connues ; elles peuvent être jaunes, brunes, rouges ou bien noires. Les graines jaunes sont moins fortes en goût et sont la base de la fameuse moutarde que nous connaissons tous. Les graines noires sont plus populaires en Inde pour leur arôme intense. Les graines de moutarde sont très riches en minéraux (magnésium, calcium, phosphore et potassium). Elles traitent principalement Vata et Kapha, et ont tendance à augmenter Pitta. Elles augmentent l'appétit, la digestion, sont détoxifiantes et très chauffantes. Elles sont disponibles en poudre ou en graines, ce que nous préférerons toujours. Attention quand elles craquent dans l'huile, elles sautent haut !

LES ÉPICES

Le berceau de la nutrition ayurvédique est l'Inde, le pays aux multiples épices. Comme nous l'avons vu, les épices ont une action remarquable sur notre fonction enzymatique. Il ne faut donc pas hésiter à en user et à en abuser !

LE GHEE ET L'HUILE DE SÉSAME

Le ghee est considéré comme l'une des nourritures les plus sattviques en ayurvéda. Il ne brûle pas en cuisson et apporte une texture onctueuse aux plats. L'huile de sésame est traditionnellement utilisée en Chine et en Inde. Son goût sucré et amer et ses caractéristiques chauffante et dense la rendent préférable pour Vata. Mais Kapha peut aussi en bénéficier à plus faible dose. Elle contient une quantité équilibrée d'acides gras poly et mono-insaturés, ce qui fait d'elle l'huile la plus stable pour la cuisson et la moins sujette à l'oxydation.

LE RIZ BASMATI

Le riz Basmati est très aromatique, avec ses notes sucrées de noix et de jasmin. Son nom signifie « roi des arômes ». Il est cultivé depuis des centaines d'années dans le nord de l'Inde et au Pakistan. Bon pour les 3 doshas, il est disponible blanc ou complet : le blanc est refroidissant, le complet plus chauffant. Il accompagne aussi bien le sucré que le salé.

LES HARICOTS MUNGO ET LES DALS

Le terme de « dal » fait référence aux haricots, aux lentilles et aux pois. Les dals ont été un élément capital de la nourriture dans toutes les cultures depuis toujours. En effet, ils fournissent de l'énergie, de la force, de nombreux nutriments et sont riches en protéines, tout en restant digestes par rapport aux protéines animales. L'ayurvéda utilise beaucoup le haricot mungo en combinaison avec le riz Basmati et des épices. Ce plat complet s'appelle le khichadi. Il est aussi populaire dans les cures de détoxification. D'autres pays utilisent des associations similaires : haricot rouge et riz en Espagne, azuki et riz au Japon, soja et riz en Thaïlande… Les dals peuvent être plus difficiles à digérer pour un individu Vata, bien que très bénéfique pour lui. Il est donc préférable d'utiliser des épices carminatives anti-flatulentes (cumin, ail, ase fétide…). Le haricot mungo est tridoshique. Il peut s'utiliser concassé en cuisson ou bien entier pour faire germer.

LES LÉGUMES VERTS À FEUILLES

Kale, épinards, poireaux, blettes, cresson, chicorée, mâche… leur saveur plutôt amère les rend préférables pour Pitta et Kapha. Ils nettoient le sang et le foie. Ils ont aussi une action catabolique et laxative utilisée pour détoxifier l'organisme. De plus, ils fournissent une grande quantité de vitamines et de minéraux.

L'AIL

Considéré comme un alicament à part entière dans la plupart des médecines et cultures, l'ail a prouvé toutes ses vertus pour la santé : anti-âge, tonique pour le cœur, nettoyant, digestif, chauffant, anti-infectieux, anticoagulant… En ayurvéda, l'ail est décrit comme ayant tous les goûts à l'exception du salé. Il est considéré comme un aliment tamastique bénéfique qui amène le sommeil réparateur, détoxifie l'organisme et augmente l'immunité. Il peut cependant parfois être trop chauffant pour Pitta qui peut avoir des problèmes de peau et d'inflammation s'il en consomme en excès.

LE MIEL

Le miel est un aliment complet et complexe qui est déjà prédigéré par les abeilles, ce qui le remplit de leurs enzymes digestives qui vont booster notre métabolisme. En ayurvéda, il est utilisé pour de multiples applications : détoxifier, réguler la glycémie, calmer la soif, calmer la nausée, désinfecter des plaies, traiter les infections urinaires, les coups de froid, les maux de gorge, la constipation, l'indigestion… Très bon pour les individus Kapha et Vata, il faut cependant l'utiliser sans excès pour les personnes Pitta et donc en été, du fait de ses propriétés très chauffantes. On privilégiera des miels plus liquides aux saveurs plus prononcées et chauffantes en hiver (thym, sapin, châtaignier), des miels aux saveurs astringentes et à la texture plus solide au printemps (aubépine, eucalyptus, chêne, bruyère), des miels plutôt crémeux, sucrés, amers et moins chauffants en été (lavande, tilleul), et enfin des miels liquides ou crémeux, sucrés et acidulés en automne (citronnier, lavande, acacia, romarin). À consommer biologique et cru !

LA ROSE

En ayurvéda, la rose est entre autres beaucoup utilisée en infusion. C'est un régénérant pour l'esprit et le cœur : la rose calme les anxiétés, les pensées hyperactives. C'est aussi une herbe digestive qui soulage l'acidité, l'hyperactivité et les inflammations, et nettoie le foie. C'est aussi un puissant antioxydant. Bien qu'elle soit tridoshique, les individus Pitta en bénéficient le plus. Les meilleures infusions selon les saisons sont : rose en été, rose-gingembre en automne, rose-tulsi (basilic sacré indien) en hiver et rose-réglisse au printemps.

– Tableau des saveurs – des aliments

LÉGUMES

SUCRÉ/ASTRINGENT ; refroidissant

Asperge
Brocoli
Céleri
Chou-fleur
Choux
Concombre
Courge d'hiver (patidou, butternut, spaghetti)
Épinard
Haricot vert
Laitue
Okra
Panais
Patate douce
Pois
Pomme de terre
Pousses
Taro
Topinambour

AMER/ASTRINGENT ; refroidissant

Chicorée
Chou en feuilles
Endive
Germes
Kale
Roquette

SUCRÉ/PIQUANT ; chauffant

Ail
Artichaut
Aubergine
Bardane
Betterave
Blette
Carotte
Champignons
Chou de Bruxelles
Cresson
Daïkon
Maïs
Navet
Oignon
Olive
Persil
Piment
Plantain
Poireau
Poivron
Radis
Tomate

FRUITS

SUCRÉ/ASTRINGENT ; refroidissant

Avocat
Baie
Datte
Figue
Melon
Noix de coco
Pastèque
Poire
Pomme
Pruneau
Raisin sec

AIGRE ; refroidissant

Citron
Citron vert
Coing
Grenade
Mangue
Tamarin

SUCRÉ/ACIDE ; chauffant

Ananas
Cantaloup
Orange
Pamplemousse
Papaye
Raisin

SUCRÉ/ASTRINGENT ; chauffant

Abricot
Banane
Canneberge
Cerise
Kaki
Mangue mûre
Pêche
Prune
Rhubarbe

SUCRÉ/AIGRE ; refroidissant

Fraise
Framboise
Rhubarbe

CÉRÉALES

SUCRÉ/ASTRINGENT ; refroidissant

Blé
Orge
Riz Basmati
Riz blanc
Sagou
Son de blé
Tapioca

SUCRÉ/ASTRINGENT : chauffant

Avoine
Maïs
Millet
Riz brun
Sarrasin
Seigle
Son d'avoine

PIQUANT/SUCRÉ ; chauffant

Amarante
Épeautre
Quinoa
Seitan

LÉGUMINEUSES

SUCRÉ/ASTRINGENT ; refroidissant

Azuki
Haricot blanc
Haricot de Lima
Haricot mungo
Haricot noir
Haricot pinto
Pois cassé
Pois chiche
Soja
Tofu

SUCRÉ/ASTRINGENT ; chauffant

Dahl
Lentille brune et rouge

PIQUANT/ASTRINGENT ; chauffant

Tempeh

NOIX & GRAINES

SUCRÉ/ASTRINGENT ; chauffant
Amande
Cacahuète
Noix
Noix de cajou
Noix de macadamia
Noix du brésil
Pignon
Pistache

PIQUANT/SUCRÉ ; chauffant
Chia
Graines de courge
Graines de lin
Pavot
Sésame (noir, complet, blanc)

SUCRÉ/ASTRINGENT ; refroidissant
Graines de tournesol
Psyllium

SUCRES

SUCRÉ ; refroidissant
Concentré de fruits
Fructose
Jus de canne à sucre
Sirop d'agave
Sirop d'érable
Sirop de riz
Sucre blanc
Sucre brun non raffiné
Sucre de canne naturel
Sucre de coco

SUCRÉ ; chauffant
Miel
Molasse
Sucre de palma

LAITAGES

SUCRÉ ; refroidissant
Autres laits d'animaux
Beurre sans sel
Fromages sans sel
Ghee
Lait de vache

AIGRE/ASTRINGENT ; chauffant
Babeurre
Crème
Fromages salés
Yaourt

VIANDES

SUCRÉ/NEUTRE ; chauffant
Agneau
Bison
Bœuf
Crevette
Mouton
Œuf
Poissons de mer gras
Saumon

SUCRÉ/NEUTRE ; refroidissant
Dinde
Lapin

SUCRÉ/ASTRINGENT ; chauffant
Canard
Poissons d'eau douce
Poulet
Thon

ASTRINGENT ; refroidissant
Venaison

HERBES, ÉPICES & CONDIMENTS

PIQUANT ; chauffant
Ail
Ajwain
Anis
Anis étoilé
Ase fétide
Basilic
Carvi
Céleri
Clou de girofle
Curcuma
Curry
Gingembre
Graines de moutarde
Laurier
Marjolaine
Noix muscade
Origan
Paprika
Persil
Piment de Cayenne
Poivre long
Poivre noir
Quatre-épices
Raifort
Ras-el-hanout
Romarin
Sauge
Tarragone
Thym

PIQUANT/SUCRÉ ; chauffant
Cannelle
Cardamome
Macis
Oignon
Zeste d'orange

AMER/ASTRINGENT ; chauffant
Fenugrec

SALÉ ; chauffant
Sel de mer
Sel minéral
Sel noir

PIQUANT/SALÉ ; chauffant
Algues
Sauce soja

AMER/PIQUANT ; refroidissant
Aneth
Coriandre
Cumin
Cumin noir
Menthe
Menthe poivrée

SUCRÉ/PIQUANT ; refroidissant
Fenouil
Safran
Vanille

SUCRÉ ; refroidissant
Eau de fleur d'oranger
Eau de rose
Kudzu

– Coaching par saison –

UNE APPROCHE PAR SAISON

Dans cet ouvrage, afin de simplifier au maximum l'approche ayurvédique, je vous propose une approche par saison de cette nutrition. **Parce que les saisons, de par leurs caractéristiques, influencent directement nos doshas. S'harmoniser avec les saisons, c'est aussi suivre le rythme fondamental de la nature qui fluctue et qui, par essence, est là pour nous équilibrer.**

Comment l'ayurvéda voit-il notre alimentation selon les saisons ? Mon approche et ma description des saisons ici est vraiment locale (Europe, France).

PRINTEMPS

Doshas

- Début : provocation de Kapha et Vata
- Fin : accumulation de Pitta

Caractéristiques du printemps : changeant, sec/humide, frais

Organes concernés

Les organes Kapha vont être plus facilement touchés au printemps avec encore les poumons, l'estomac, la gorge, le nez et les sinus en premier lieu. Puis, vers la fin du printemps, on assiste à une migration vers des sites plus Pitta : intestin grêle, foie, rate, yeux, cœur, les glandes sébacées et le sang. Cela amène tous les problèmes Kapha/Pitta de type : congestion, yeux larmoyants, allergies, bouffées de chaleur, urticaire, indigestion acide, nausée, appétit intense…

Alimentation privilégiée

On va donc opter pour une alimentation pour pacifier Kapha et Pitta : une nourriture légère, détoxifiante, énergisante et reminéralisante.

Quels goûts privilégier ?

- L'épicé (voire piquant), l'amer et l'astringent pacifiant Kapha et Pitta (épicé mais pas trop piquant). (Voir les types d'aliments dans les tables et les recettes p. 51.)

ÉTÉ

Doshas

- Début : provocation et accumulation de Pitta
- Fin : accumulation de Vata

Caractéristiques de l'été : chaud, sec, intense, mobile, léger

Organes concernés

Les organes de Pitta : peau, tête, intestin grêle, foie, rate, yeux, cœur, les glandes sébacées et le sang. Un Pitta provoqué conduit souvent à : des problèmes de peau (urticaire, acné, rougeurs, photosensibilité…), nausée, diarrhée, hyperacidité, malabsorption…

Alimentation privilégiée

On va donc opter pour une alimentation pour pacifier Pitta : une nourriture nourrissante, refroidissante et hydratante.

Quels goûts privilégier ?

- Le sucré, l'amer, l'astringent et l'épicé (mais pas piquant !). (Voir les types d'aliments dans les tables et les recettes p. 67.)

AUTOMNE

Doshas

- Début : accumulation et provocation de Vata
- Fin : accumulation de Kapha

Caractéristiques de l'automne : sec, léger, frais, venteux, changeant

Organes concernés

Les organes Vata : colon, os, bassin, oreilles, cuisses et peau. Le Pitta s'étant accumulé durant l'été, les organes Pitta sont aussi touchés. Cela conduit à des problèmes de type : constipation, problèmes osseux, douleurs musculaires, sciatique, gaz, gonflements, peau sèche, mauvaise circulation, tintements dans les oreilles…

Alimentation privilégiée

On va donc opter pour une alimentation pour pacifier Vata : une nourriture plus liquide, chaude, nourrissante, digeste, riche.

Quels goûts privilégier ?

Le sucré, l'aigre et le salé. (Voir les types d'aliments dans les tables et les recettes p. 85.)

HIVER

Doshas

- Début d'hiver : accumulation et provocation de Kapha
- Fin d'hiver : provocation de Vata

Caractéristiques de l'hiver : froid, plutôt sec (mais parfois humide), lourd, nuageux

Organes concernés

Les organes Kapha vont être plus facilement touchés en hiver : poumons, estomac, gorge, nez, sinus, pancréas, articulations, plasma, tissus adipeux et muqueuses protectrices des différents organes. Le Kapha s'accumule alors facilement, ce qui nous amène aux principaux maux d'hiver : sentiment de lourdeur, léthargie, peu d'appétit, congestion (sinus pris), coup de froid, toux, mucus, nausée, migraines, angine, fièvre… Parce que l'hiver est froid et souvent venteux, beaucoup de gens peuvent aussi expérimenter des symptômes Vata s'ils ont déjà un déséquilibre (constipation, douleurs articulaires, douleurs dans les flancs, gaz, gargouillements, gonflement abdominal, souffle court…) surtout en fin d'hiver lorsque le vent fait son retour et que le climat est irrégulier.

Alimentation privilégiée

On va donc opter pour une alimentation pour pacifier Kapha et Vata : une nourriture nourrissante, chauffante, digeste et hydratante.

Quels goûts privilégier ?

Les 6 goûts :

- Sucré, aigre, salé qui augmentent Kapha et diminuent Vata
- Piquant, amer, astringent qui augmentent Vata et diminuent Kapha

Il faut donc trouver un équilibre entre ces deux tendances pour incorporer tous ces goûts. (Voir les types d'aliments dans les tables et les recettes p. 101.)

– Coaching par saison –

LES BONS RÉFLEXES

PRINTEMPS

• Je mange léger
J'essaie d'éviter les gros repas en choisissant plutôt 3 repas réguliers par jour mais moyens. Je limite les protéines animales et les produits laitiers (entre 24 et 72 heures de digestion) pour favoriser un régime plus végétarien.

• Je fais un jour de monodiète par semaine
Quoi de mieux pour alléger sa digestion que de lui donner une pause un jour par semaine ? Je choisis un jour et j'essaie une monodiète de fruit (pomme, orange, pamplemousse, poire ou grenade) ou de légume (betterave, carotte, brocoli, artichaut). À manger cru pour les fruits, mais plutôt cuit pour les légumes.

• Je booste mon système digestif
Je mise sur les épices. Toutes sont bonnes pour Kapha ! Je cuisine épicé : cumin, coriandre, fenouil, curcuma, poivre noir, gingembre, cardamome, piment de Cayenne, basilic, cannelle, persil… Le printemps est la saison du renouveau et de la créativité, je me lance !
Je me mets aussi au vinaigre de cidre : nettoyeur cellulaire régénérant, reminéralisant, stimulant digestif, immunostimulant et anticholestérol ! Une cuillerée à soupe de vinaigre dans un verre d'eau tiède avec un peu de miel, à boire 30 minutes avant chaque repas, peut être utile pour soulager des maux digestifs, aider à la digestion et renouveler la flore intestinale.

• Je savoure un bon thé
Au printemps, je me pose pour savourer un bon thé. La caféine sans excès (pas tous les jours de préférence) est bonne pour équilibrer Kapha. Je privilégie des thés plus alcalins comme le thé vert ou blanc, le thé oolong, le Maté, le Rooibos, le Matcha ainsi que tisanes de plantes reminéralisantes (ortie, prêle, avoine fleurie, framboisier).

• J'opte pour un petit déjeuner fruité
Je me prépare un grand bol de fruits de saison saupoudré de cannelle et de gingembre et arrosé de citron, ou bien je me fais un super jus frais de fruits et légumes en ajoutant une bonne dose de gingembre et de curcuma. Le printemps est une bonne période pour réintroduire des fruits crus le matin pour détoxifier et faire le plein de vitamines pour se préparer à l'été.

QUE FAUT-IL LIMITER ?

- La friture, les boissons glacées et les glaces, les excès de sucré, de salé et surtout d'aigre (un peu de nourriture fermentée mais pas trop)

ÉTÉ

• Je mets l'accent sur les aliments refroidissants pour le corps

Tous les légumes verts sont bons pour cela. En effet, la plupart sont amers, le meilleur goût pour Pitta. L'amer est anti-inflammatoire, soulage les brûlures de l'organisme, purifie le sang, le foie et élimine les toxines. Au choix : coriandre, menthe, concombre, brocoli, salade, endive, kale, pousses (alfalfa, tournesol), céleri, asperges, courgettes, épinards, salades. Je savoure aussi les laitages : lait, beurre, beurre clarifié, yaourt, fromage (pas trop âgé) et même glace (mais en consommation limitée et pas en fin de repas).

• Je mange à heures régulières

C'est facile d'oublier ma faim en été avec la chaleur centrale de l'organisme dispersée à la périphérie. Cependant, les jeûnes prolongés peuvent exciter Pitta et donc m'amener des désagréments (peau, digestion…). Il est donc important de faire 3 repas par jour avec : un petit déjeuner tôt, un déjeuner autour de midi et un dîner pas trop tard.

• Je m'hydrate à « température ambiante »

Même si la chaleur me donne des envies de glaçons, j'évite de boire de l'eau glacée, surtout après les repas, ce qui inhibe les fonctions enzymatiques du corps, ralentit et perturbe la digestion et amène à la formation de toxines. Je bois de l'eau à température ambiante. Je bois aussi des tisanes rafraîchissantes de menthe, menthe poivrée, fenouil, réglisse ou rose dans l'après-midi, à la fois digestives et refroidissantes.

• Je me mets à l'huile de coco

La noix de coco est un plaisir pour tous les sens, son odeur, sa couleur, sa texture, son goût sucré ; tout invite au voyage sur une plage paradisiaque. Très importante en ayurvéda aussi bien en interne qu'en externe, son nom sanskrit, « kalpavriksha », signifie « le fruit qui donne tout ce qui est nécessaire à la vie ». L'huile de coco est une huile saturée, riche en fibres, minéraux et vitamines. Elle est refroidissante, stimule le métabolisme, améliore les fonctions de la thyroïde, la digestion, augmente l'immunité (antifongique), prévient le cholestérol haut et est utilisée en application pour les problèmes de peau et pour prendre soin de ses cheveux. Je la choisis non raffinée et crue. Je l'utilise en cuisson (point de fumée élevé) ou en pâtisserie.

• Je profite des salades

On dit souvent que l'ayurvéda n'aime pas trop le cru, mais pas l'été. C'est le moment de se faire de belles salades, surtout le midi. Je crée des assortiments colorés avec les légumes de saison. Je peux mélanger des aliments chauds et froids, et j'accompagne cela avec une bonne huile pressée à froid (olive, noix, colza…) et un super mix de graines toastées (graines de tournesol).

QUE FAUT-IL LIMITER ?

- Les aliments chauffants : viandes rouges, œufs, carottes cuites, betteraves, oignons, radis, piments, le café, la glace après manger, les aliments trop aigres ou acides : vinaigre balsamique, ketchup, pickles…

– Coaching par saison –

AUTOMNE

• Je détoxifie mon organisme avant de régénérer mon énergie pour passer l'hiver tranquille

Mini-détox à la maison : au début de l'automne, je fais une courte monodiète pendant 3 jours (soupes de légumes, légumes cuits, khichadi) pour nettoyer mon organisme après l'été. Je prends une cuillerée à soupe d'huile de lin le matin à jeun pour aider mon élimination (je peux continuer cela tout l'automne). Suite à cela, je vais pouvoir bien régénérer mon énergie pour partir sur de bonnes bases pour l'hiver. Pour cela, je favorise les aliments sucrés, aigres et salés.

• Je cuisine simple et riche

La meilleure façon de s'alimenter en automne est de privilégier des mets simples, digestes et nutritifs : des légumes vapeur arrosés d'huile de sésame accompagnés d'un mélange de céréales légumineuses ou de viandes/poissons. Je donne plus de peps en ajoutant un filet de jus de citron, du gomasio et une poignée de coriandre. Je réapprends le plaisir des saveurs simples.

• Je consomme des aliments de la terre et de la mer

Vata est lié à l'air et à l'espace. Je privilégie les éléments opposés, eau et terre, pour l'équilibrer. Toutes les courges d'hiver sont bénéfiques pour moi et j'ai le choix : patidou, potimarron, butternut, kabocha, spaghetti… Je profite aussi des champignons, de l'ail, des pommes de terre, des betteraves, navets… Je découvre aussi les algues, pour la cuisine dans un bouillon, en paillettes sur ma salade ou en tartare.

• J'augmente mon apport en protéines

Si je suis omnivore, je peux un peu augmenter ma consommation de viandes (viandes et poissons). L'automne est la meilleure saison de l'année pour manger de la viande rouge. Le mieux : un bouillon de viande ou un pot-au-feu. Je privilégie des cuisines plus en sauce. Si je suis végétarien, je mange plus de quinoa, de lentilles, d'œufs, de laitage et de tofu. Pour bien pouvoir assimiler les protéines, surtout animales, il faut un feu digestif puissant. Je peux doper celui-ci grâce à l'utilisation d'épices. Les laitages sont aussi bons pour moi : cuisine au ghee, un morceau de fromage saupoudré de cumin en fin de repas, un yaourt épicé…

• Je bois un lait chaud épicé avant de me coucher

Le soir avant de me coucher, je fais bouillir une tasse de lait chaud (lait de vache, lait d'amande, de soja ou de riz) avec une pointe de safran, de cannelle et de noix muscade et je savoure. J'induis ainsi un sommeil naturel. Je régénère mon énergie et mon système nerveux. En plus, cela satisfait mes envies de sucré tardives !

QUE FAUT-IL LIMITER ?

- Les aliments secs et craquants : chips, gâteaux apéritifs, céréales du matin, biscottes, les aliments crus, l'excès d'aliments amers (si on ne les cuisine pas avec des épices carminatives) : choux, légumes verts, choux de Bruxelles, l'excès de piment, les excitants : café, thé, alcool...

HIVER

• Je mange chaud

Je mange cuit et chaud. Je choisis des aliments avec une action chauffante sur le métabolisme pour booster ma digestion et mon élimination au ralenti. Le but : éviter de compliquer le travail de mon corps qui doit déjà se battre pour conserver ma propre température. J'use des épices carminatives qui augmentent la circulation comme le gingembre, la cannelle, le clou de girofle ou le poivre.

• Je privilégie des textures plus liquides

Le froid et le vent d'hiver dessèchent mon corps, même sans le soleil brûlant. Je m'en rends simplement moins compte. Que faire ? Je cuisine façon « soupy » en sauce ou en soupe épaisse. Cela permet à la fois d'hydrater mon corps et de satisfaire mon appétit, mais aussi de soutenir la détoxification de l'organisme qui a facilement tendance à accumuler en hiver.

• J'opte pour des aliments nourrissants de saison

En hiver, la nature ralentit. Il en va de même pour notre corps et notre métabolisme, même si la vie nous laisse rarement ce luxe. Seul notre appétit a tendance à augmenter et il faut donc le canaliser. Que faire ? Je nourris mon corps pour lui donner l'énergie dont il a besoin pour l'hiver avec des produits à la fois nourrissants et facilement digestibles.

• J'augmente mon apport en lipides

Afin de se réchauffer, notre corps a besoin d'énergie. Les lipides constituent la première source d'énergie pour notre corps. Je choisis des huiles mono ou poly-insaturés avec un point de fumée élevé pour la cuisson (huile d'olive vierge, sésame, avocat, tournesol). L'huile d'olive et de colza sont intéressantes pour les richesses en oméga 9.

• Je bois des tisanes

Je prépare mes infusions avec des herbes chauffantes le matin et je pars avec mon Thermos pour la journée. Je passe aux rayons herboristerie de ma biocoop : thym, romarin, sauge, verveine citronnée, gingembre frais râpé, ou tout simplement cannelle. J'ajoute une cuillerée à café de miel pour combler mes envies de sucré. Le miel est un allié de choix pour l'hiver avec ses vertus chauffantes, énergisantes et détoxifiantes. En plus, il en existe de nombreuses variétés aux goûts très variés.

QUE FAUT-IL LIMITER ?

- Le cru, l'excès de fruits trop sucrés (dattes, fruits secs, figues) ou trop aigres (canneberges, prunes, tamarin)
- Les aliments trop refroidissants : laitages (nuages, laitages), le blé, les boissons froides

– Les produits à éviter –

LES PRODUITS INDUSTRIELS

Ce siècle dernier, l'industrie agro-alimentaire a évolué rapidement. Elle a créé de nouveaux produits transformés plus faciles à produire, en plus grande quantité, à un moindre coût et se conservant plus longtemps. On considère qu'un produit est transformé à partir du moment où il subit une transformation de son état naturel. C'est le cas de tous les plats cuisinés, des conserves, des gâteaux, biscuits, des produits laitiers... Or ces aliments sont riches en graisses hydrogénées, en sucre et en sel, et pauvres en vitamines et minéraux. Ils sont aussi pleins d'additifs alimentaires de toutes sortes servant à améliorer leur aspect ou leur goût.

LES HUILES HYDROGÉNÉES

Les huiles les plus stables pour la cuisson sont les huiles plutôt solides contenant une grande quantité d'acides gras saturés et donc ne pouvant pas accepter de l'hydrogène. Cela a posé problème à l'industrie pour remplacer le beurre, il y a des décennies. Pour cela, elle a créé les graisses hydrogénées ou partiellement hydrogénées, c'est-à-dire des corps gras modifiés en les bombardant d'hydrogène. Du fait de l'hydrogénation, l'acide gras se rigidifie. Cela crée une graisse plus solide avec un point de fusion plus élevé. Cependant, au cours de l'hydrogénation, des acides gras trans sont générés, qui eux sont dangereux pour la santé. Techniquement, les acides gras trans sont insaturés, mais leur configuration est telle que les propriétés liées à l'insaturation sont perdues. De plus, les acides gras trans sont très nocifs pour notre santé. Leurs configurations atomiques anormales interfèrent avec le métabolisme et les fonctions naturelles de notre organisme. On retrouve les acides gras trans dans les huiles hydrogénées ou partiellement dans la margarine, les pâtes à tartiner, les pâtisseries, les plats industriels et les laitages (vache, chèvre, brebis). Les additifs alimentaires (E471, E472 et E441) permettent aussi de les identifier.

LES PRODUITS RAFFINÉS

Les produits raffinés sont dépourvus de toutes les substances nutritives qui faisaient au départ leur intérêt. Ils se conservent certes plus longtemps que des aliments complets, mais sont pauvres en vitamines, minéraux et en fibres.

LES PRODUITS GLACÉS

Tous les produits glacés inhibent les fonctions enzymatiques du corps. Nos enzymes digestives fonctionnement à température corporelle. Le meilleur moyen de les perturber est donc de leur envoyer une rasade de liquide glacé. Il vaut mieux éviter de boire des boissons froides en général, mais surtout en mangeant, et de finir ses repas par des desserts glacés.

LES EXCÈS

De café

L'ayurvéda n'est en rien contre le café. D'un point de vue ayurvédique, toute chose peut être utilisée comme une médecine. Tout dépend de la quantité et de la manière dont il est consommé, en fonction de la personne. Le café est considéré comme un stimulant, à la fois mental et digestif. Le café augmente Vata et Pitta, et réduit Kapha. Son goût est amer. Son action métabolique est chauffante et son action digestive est catabolique (c'est en effet aussi pour son effet laxatif que beaucoup de gens l'aiment !).

Il existe bien des controverses dans les études sur le café et ses effets sur la santé à long terme. Ce qui est sûr, c'est que la caféine contenue dans le café est principalement connue pour ses effets stimulants, qui à long terme fatiguent donc les glandes surrénales. De plus, le café relâche une hormone appelé dopamine, responsable du plaisir et de l'addiction.

L'ayurvéda conseille donc le café :

- En petite quantité (3 fois par semaine maximum)
- Après le repas (il neutralise l'activité enzymatique s'il est pris avant)
- Avec des épices pour rectifier ses caractéristiques trop chauffantes, excitantes et desséchantes pour les glandes surrénales (cardamome, noix muscade, cannelle)
- Biologique
- Le mieux : se créer des moments de détente en famille ou avec des amis pour vraiment savourer son café.

D'alcool

Toutes les boissons alcoolisées doivent être consommées avec modération, surtout les alcools forts qui ont un impact direct sur le foie et les reins. Même si boire un verre peut tout à fait rester un plaisir de temps en temps, il est important que cela ne devienne pas une habitude trop récurrente. Les vins ont une action digestive stimulante qui peut être bénéfique, surtout pour les individus Vata et Kapha. Les alcools sont à privilégier plutôt en automne, en hiver et au printemps, et le soir. La bière est un produit fermenté mieux toléré par les individus Vata et Pitta. Elle sera plus équilibrante en été ou au début de l'automne.

De viandes

Pour une alimentation équilibrée, mangez moins de viande mais de meilleure qualité. 3 fois par semaine suffisent amplement ! Mais achetez au marché chez un producteur naturel. Les régimes riches en protéines animales ont le vent en poupe ces dernières années. Or les protéines ne sont pas un carburant propre pour notre métabolisme. Elles fabriquent de l'acide urique qui, en excès, acidifie le corps et est responsable de nombreuses maladies auto-immunes inflammatoires. Les dernières études confirment l'influence de la consommation excessive de viandes rouges sur les maladies cardiovasculaires et certains cancers.

Toute chose consommée en excès n'est pas bénéfique à long terme.

CERTAINES MAUVAISES HABITUDES

Certaines habitudes perturbent beaucoup notre digestion. À éviter : les fruits en fin de repas, les grosses assiettes de salades composées crues en entrée, le fromage et le pain en fin de repas (plutôt dans le repas), le dessert bien copieux à la fin, le café avant le repas…

Saveur	Si excès
Sucré	Prise de poids, diabète, indigestion, congestion, respiration difficile, toxines, obstruction de canaux
Acide/Aigre	Acidité, brûlures intestinales, démangeaisons, nausée
Salé	Inflammations, problèmes de peau, impuissance, rétention d'eau, vieillissement prématuré
Piquant	Donne soif, émaciation, sensations de brûlures, problèmes de peau, diminution des fluides reproducteurs
Amer	Froid, douleurs, maux de tête, diminution des fluides reproducteurs
Astringent	Constipation, soif, peau sèche, crampes, diminution des fluides reproducteurs, troubles nerveux

– Ayurvéda et détox –

Tout le monde a des toxines jusqu'à un certain degré dans la vie quotidienne. Cela ne pose pas de réel problème à condition que notre métabolisme soit suffisamment efficace pour les digérer à la longue.

En sanskrit, on appelle les toxines « ama » signifiant « immature, cru, pas cuit ». D'après l'ayurvéda, les toxines peuvent être physiques ou mentales. Au niveau physique, elles proviennent de nourriture mal digérée, de l'accumulation de déchets (urine, selles, sueur) ou bien d'un déséquilibre des doshas, souvent depuis longtemps. Ama est dit être à l'origine de toutes les maladies.

Caractéristiques d'Ama : froid, lent, lourd, huileux, collant, grossier, stable, qui sent fort.

Quelques signes et symptômes des toxines : chaînes encombrées (congestion, mauvaise circulation, constipation…), fatigue, sensation de lourdeur, indigestion, mucus, pauvre appétit, mauvais goût…

Quand les toxines sont dans le système digestif, elles sont plus faciles à éliminer. Dès qu'elles entrent en circulation ou se logent dans des tissus plus profonds, il est plus difficile de les traiter.

Causes de l'accumulation d'Ama : alimentation (faim émotionnelle, mauvaise combinaison, nourriture froide ou crue, nourriture trop lourde à digérer, nourriture industrielle, sucre industriel, excès de sucré, aigre ou salé), style de vie, dormir ou manger avant que le cycle de digestion ne soit fini, émotions réprimées et non digérées.

Durant les saisons intermédiaires, en automne et au printemps, l'ayurvéda préconise de faire des programmes de détoxification et de régénération. Le but : se débarrasser d'une partie des toxines stockées dans nos tissus profonds et dans notre appareil digestif.

Il existe de nombreux moyens pour nous aider à nous débarrasser des toxines.

1 • Pour la détox, il est préférable d'éliminer tous les stimulants (café, thé), les aliments raffinés ou manufacturés, les sucres blancs, les produits frits, les viandes, œufs et poissons

2 • Privilégier une alimentation soutenant la détox

Caractéristiques :

- Manger moins : essayer une monodiète pendant 3 jours en consommant un aliment de saison (légume ou fruit)
- Manger chaud : éviter le cru, le froid
- Utiliser des épices piquantes, amères
- Éviter la friture
- Consommer 3 cuillerées à soupe d'huile vierge par jour pour soutenir l'élimination
- Faire une marche digestive après le repas
- Éviter les produits sucrés, trop aigres ou trop salés

3 • Utiliser des herbes pour augmenter l'agni et digérer les toxines

4 • Un autre moyen de se débarrasser des toxines est de transpirer ! Sport, sauna, hammam, yoga… tout peut aider.

– FAQ –

L'ALIMENTATION AYURVÉDIQUE EST-ELLE VÉGÉTARIENNE ?

L'alimentation ayurvédique n'est pas végétarienne par essence. Elle peut même conseiller la consommation de certaines viandes en bouillon dans certaines pathologies. Cependant, elle a toujours favorisé une consommation faible de viande du fait de sa nature lourde, peu digeste et tamastique. Pourquoi réduire la viande ? 3 raisons simples :

- Surconsommation : compte tenu de notre niveau d'activité, la consommation de protéines animales est excessive.
- Santé : du fait de la surproduction, les viandes sont aussi souvent toxiques.
- Environnement ; enfin, cette industrie est un désastre pour l'environnement.

Pour ces raisons, je vous invite à réduire votre consommation de viande. Il existe de nombreuses céréales et légumineuses riches et savoureuses pour nous apporter ce dont nous avons besoin tout en nous faisant plaisir.

QUE PENSE L'AYURVÉDA DE LA NOURRITURE CRUE ?

Ayurvéda et salade… toute une histoire ! Selon l'ayurvéda, tout peut être bon, mais cela dépend pour qui, quand et comment cela est préparé. Du point de vue ayurvédique, la cuisine crue est plus difficile à digérer que celle cuite car la cuisson agit comme une sorte de prédigestion, ce qui facilite le travail de l'estomac.

Le cru est plutôt conseillé aux individus Pitta, en été et plutôt le midi, et difficile à digérer pour les personnes Vata car ses caractéristiques sont similaires : léger, croquant, aérien, sec, froid, parfois dense et riche (oléagineux). Il ralentit le système digestif des individus Kapha qui est déjà aussi rapide qu'une tortue, car de même il partage des attributs identiques : dense, lent (à digérer car pas de cuisson), riche et surtout froid. Bref, pas de quoi faciliter la digestion !

Il faut donc garder nos belles salades composées pour le midi en été et le reste de l'année une salade avec du cru et du cuit est tout de même plus indiquée.

LA NUTRITION AYURVÉDIQUE FONCTIONNE-T-ELLE ?

L'ayurvéda est une science médicale millénaire et la mère de toutes les naturopathies. Son approche est certes différente de la médecine allopathique et de la nutrition occidentale, mais elle a prouvé son efficacité. Son actualité et sa longévité le confirment aussi. C'est la meilleure raison d'essayer !

JE N'Y CONNAIS RIEN EN ÉPICES…

Il n'y a pas de quoi avoir peur. Beaucoup de personnes sont effrayées de se mettre à la cuisine aux épices et aux herbes aromatiques, mais une fois qu'elles commencent, cela leur passe très rapidement ! Il n'y a pas vraiment de raté possible. En revanche, c'est beaucoup de créativité, de découverte de nouvelles saveurs, textures, odeurs et couleurs ; mais aussi du fun et de la curiosité.

EST-CE QU'UNE ALIMENTATION AYURVÉDIQUE AURA DES CONSÉQUENCE SUR MON POIDS ?

L'ayurvéda considère que nos problèmes de poids proviennent de deux causes principales : une alimentation inadaptée (compte tenu de notre constitution, de la saison, de nos activités...) et un métabolisme perturbé.

Si nous souhaitons perdre ou gagner du poids, ou encore nous maintenir à notre poids de forme, nous devons donc travailler sur ces deux axes.

Pour cela, avoir des réflexes saisonniers dans la sélection de nos produits et une introduction d'épices et d'herbes digestives est un premier pas majeur, facile à mettre en place et qui fait la différence.

En effet, en boostant notre métabolisme, celui-ci sera plus efficace : donc meilleure digestion, absorption et assimilation, meilleure élimination, meilleure détoxification, meilleure régénération...

En suivant la nutrition ayurvédique selon les besoins de notre organisme, notre poids s'équilibre vers un poids idéal. Nous pouvons en perdre ou en gagner, le but restant un équilibre servant notre santé et notre bien-être.

OÙ PUIS-JE ACHETER ?

- En magasins bio : céréales, graines, légumineuses, noix… De nombreuses marques françaises restent à prix abordables. Achetez plutôt local : sel, riz, huile…
- Au marché : fruits et légumes bio ou agriculture raisonnée.
- En AMAP : soutenez un agriculteur local en vous engageant pour un panier par semaine. Si cela fait beaucoup, trouvez un ami pour le partager.
- Dans les ruches : pour acheter des produits régionaux. Regardez les ruches près de chez vous, vous y redécouvrirez quelques rares perles.

PARTIE 2

Les recettes

Printemps

MA SHOPPING LIST

- **Fruits :**
  Citrons jaunes et verts
  Pommes
  Abricots
  Baies
  Cerises
  Raisins rouges
  Mangues
  Prunes
  Fraises
  Framboises
  Poires
  Rhubarbe
  Fruits secs

- **Légumes :**
  Artichauts
  Asperges
  Betteraves
  Céleris
  Choux
  Endives
  Salades
  Choux de Bruxelles
  Carottes
  Laitues
  Okras
  Radis
  Épinards
  Tous les légumes feuillus verts
  Courgettes

- **Céréales :**
  Amarante
  Orge
  Sarrasin
  Maïs
  Millet
  Quinoa
  Seigle et tapioca

- **Légumineuses :**
  Pois cassés
  Fèves
  Lentilles
  Corail
  Lentilles brunes
  Pois chiches
  Haricots pinto
  Haricots mungo
  Dal

- **Protéines animales :**
  Poulet
  Dinde
  Œufs
  Poissons plus secs et légers
  Si fromages : plutôt chèvre ou brebis

- **Condiments :**
  Vinaigre de cidre
  Pickles
  Sauce Soja
  Coriandre
  Moutarde

- **Graines et noix :**
  Amandes fraîches
  Graines de sésame
  Graines de tournesol
  Graines de courge et en petites quantité les arachides (noix de cajou, amandes, noix du Brésil)

- **Herbes et épices :**
  Gingembre
  Oignons
  Graines de coriandre
  Graines de moutarde
  Graines de fenouil
  Graines de cumin
  Clous de girofle
  Noix muscade
  Persil
  Paprika
  Cannelle
  Laurier
  Curry
  Tarragone
  Sauge
  Romarin
  Thym

– Salade de fenouil et mangue – aux graines de sarrasin

Printemps rime souvent avec envie de salade colorée, comme une envie de faire le plein d'énergie, avec l'arrivée des beaux jours. Ici, le fenouil et l'endive sont amers et donc équilibrants pour Kapha. La coriandre et le citron jaune chauffants soutiennent la digestion. Enfin, la grenade et la mangue régénérantes pour les tissus apportent une saveur douce et sucrée.

Ingrédients pour 4 personnes

1 bulbe de fenouil
1 mangue mûre et ferme
2 cuillerées à soupe de graines de sarrasin
2 endives violettes
1 poignée de graines de grenade fraîche
1 citron jaune
10 brins de coriandre fraîche
1 cuillerée à soupe de graines de coriandre
2 cuillerées à soupe d'huile d'olive
Gros sel

Dans une poêle chaude, grillez à sec séparément les graines de coriandre et de sarrasin, et réservez.

Préparez la vinaigrette à la coriandre : dans un petit mixeur, mixez avec 1 belle pincée de gros sel, la coriandre fraîche (uniquement la partie haute des tiges et des feuilles), ajoutez la moitié des graines de sarrasin grillées et ajoutez l'huile d'olive et le jus de ½ citron jaune. Réservez la vinaigrette.

Pelez à vif le ½ citron restant, et gardez les segments de citron. Épluchez la mangue et détaillez des petits cubes ou coupez-la en julienne. Ôtez le cœur des endives et coupez-les dans la longueur, émincez finement (à la mandoline) le fenouil.

Mélangez tous les ingrédients : le fenouil, les endives, la grenade, la mangue et le citron, assaisonnez avec la vinaigrette à la coriandre et parsemez de graines de sarrasin.

– Gambas grillées tandoori, – houmous de petits pois au citron

En plus de sa saveur unique, le mix tandoori est surtout un aide à la digestion très efficace. Ici, il rectifie le mélange yaourt-gambas pour une dégustation sans problème.

Ingrédients pour 4 personnes

20 gambas crues
1 yaourt nature au lait entier
1 cuillerée à soupe d'épices tandoori
Le jus de ½ citron vert

Ingrédients pour le houmous de petits pois

200 g de petits pois frais extra-fins
Le jus de ½ citron jaune
1 gousse d'ail
1 cuillerée à soupe de tahin
1 cuillerée à soupe de yaourt velouté
1 cuillerée à soupe d'huile de pépin de raisins
Sel

Préparez les gambas : épluchez-les jusqu'à la queue, retirez les boyaux en entaillant la chair tout le long, puis lavez-les.

Mélangez dans un bol tous les ingrédients : la yaourt nature, les épices tandoori et le jus de citron, puis mélangez intimement avec les gambas et laissez mariner au frais pendant 2 à 4 heures.

Pendant ce temps, préparez le houmous. Commencez par blanchir les petits pois : trempez-les dans l'eau bouillante bien salée pendant 5 minutes et refroidissez-les aussitôt dans un saladier d'eau très froide.

Égouttez-les bien et mixez-les avec l'ail dégermé, le tahin, l'huile de pépin de raisin, le yaourt, le jus de citron et du sel. Mixez sans insister. Réservez au frais.

Disposez les gambas sur une plaque garnie de papier cuisson et faites-les cuire pendant 5 minutes sur chaque face dans un four préchauffé à 200 °C (th. 6-7). Servez chaud avec le houmous de petits pois. Arrosez de jus de citron au moment de servir.

– Tarte fine de chapati, –
courgette, chèvre et miel

L'association miel, curcuma et romarin est très bonne pour Kapha. Elle est chauffante et digestive pour savourer sans culpabilité cette tarte au chèvre frais. Et on peut même s'en faire une tisane savoureuse à boire tout au long de la journée !

Ingrédients
pour 2 personnes

1 chapati (galette de blé semi-complet)
1 courgette
1 chèvre frais (environ 150 g)
1 pincée de romarin frais
½ cuillerée à café de curcuma en poudre
1 cuillerée à soupe de miel de fleurs bio
Huile d'olive

Préchauffez le four à 180 °C (th. 6). Mélangez sans insister le fromage frais avec le curcuma.

Détaillez à la mandoline de fines rondelles de courgette.

Disposez sur le chapati le chèvre frais au curcuma, puis la courgette en superposant les rondelles à moitié, ajoutez un filet d'huile d'olive et quelques brins de romarin.

Passez au four pendant 15 minutes. À la sortie du four, arrosez d'un peu de miel et servez aussitôt.

TOUTES LES VARIANTES SONT POSSIBLES !

Pour une version sans gluten, optez pour des dosas à la farine de lentilles ou de riz.
Pour une version vegan, vous pouvez remplacer le miel par du sirop d'érable et le fromage par une tartinade de tofu.

– Poêlée de légumes verts, – lentilles jaunes et graines de moutarde

Un mets simple et savoureux de légumes de saison frais et de légumineuses cuits au ghee et épicé aux graines de moutarde. Les asperges, la courgette et les okras réduisent Kapha, de même que les graines de moutarde. Un plat « ayurvédiquement » parfait pour cette saison !

Ingrédients pour 4 personnes

2 courgettes
6 asperges
300 g d'okras
150 g de petits pois frais extra fins
150 g de lentilles jaunes (moong dahl ou haricots mungo décortiqués)
1 cuillerée à soupe de graines de moutarde noire
1 cuillerée à soupe de ghee (voir recette p. 22)

Coupez les asperges en biais et blanchissez-les avec les petits pois : passez-les à l'eau bouillante salée 5 minutes, puis refroidissez-les à l'eau très froide avant de les égoutter soigneusement.

Coupez les courgettes en demi-rondelles d'environ 5 mm d'épaisseur. Coupez le pédoncule des okras, puis coupez-les dans la longueur.

Faites cuire les lentilles dans une grand volume d'eau salée pendant 12 minutes puis rincez-les, réservez.

Dans une sauteuse, faites chauffer à feu moyen le ghee, puis ajoutez les graines de moutarde et laissez-les éclater.

Ajoutez tous les légumes verts et faites-les sauter pendant 7 à 8 minutes en remuant sans arrêt. Servez chaud.

– Sauté de poulet, –
aux épices douces

Faire mariner les viandes permet d'améliorer leur digestibilité, ce qui est très bénéfique pour Kapha qui a plutôt tendance à la digestion lente. Ici la marinade, avec le gingembre, l'ail, le curcuma et la coriandre, est chauffante et détoxifiante, de même que les épinards à la vapeur pour marier harmonieusement saveurs et efficacité digestive.

Ingrédients
pour 4 personnes

500 g de blanc de poulet
300 g d'épinards frais
350 g de quinoa blond et rouge mélangé
1 gousse d'ail
½ cuillerée à café de coriandre en poudre
2 cm de gingembre
½ cuillerée à café de curcuma
1 yaourt nature au lait entier
Ghee
Sel

Détaillez le poulet en cubes d'environ 2 cm.

Mélangez le yaourt avec le curcuma et la coriandre moulue, ainsi que l'ail dégermé pressé et le gingembre râpé, salez et laissez mariner le poulet dans ce mélange pendant 2 à 4 heures.

Au bout des 2 heures, dans une sauteuse, faites revenir dans le ghee fondu le poulet et sa marinade pendant 5 minutes de chaque côté, puis ajoutez 10 cl d'eau et couvrez. Laissez mijoter pendant 10 minutes.

Pendant ce temps, faites cuire le quinoa à grande eau salée et égouttez-le. Faites cuire également les épinards à la vapeur.

Assemblez les 3 préparations et assaisonnez si besoin. Servez chaud.

– Compotée pomme-poire – figues et épices

Rien de mieux qu'une bonne compote de pommes épicée au printemps ! La cuisson et la cannelle l'antidotent, ce qui en fait un dessert savoureux, ou même un petit déjeuner ou un quatre heures. Ajoutez le miel après la cuisson pour conserver ses vertus et son action détox.

Ingrédients pour 4 personnes

2 pommes type Golden
2 poires bien mûres
6 figues mûres
1 gousse de vanille
1 bâton de cannelle
1 cuillerée à soupe de miel de fleurs bio

Détaillez les fruits en gros cubes. Retirez les graines de vanille avec la pointe d'un couteau.

Dans une casserole à fond épais, mélangez tous les ingrédients sauf le miel et couvrez. Laissez compoter pendant 20 minutes en remuant de temps en temps.

Ajoutez le miel hors du feu et servez aussitôt.

Servez tiède ou froid, avec un fromage blanc par exemple.

ASTUCE **Pour un super petit déjeuner pour l'hiver, savourez un gros bol de compote avec une cuillerée à café de ghee ou d'huile de coco. Un plaisir !**

INDIAN MINIATURE PAINTINGS

– Thé noir épicé Chaï Assam –

Le Chaï… fameux thé indien au goût épicé, aussi très utilisé en ayurvéda. Il en existe de nombreuses variantes. Le mix d'épices choisies ici cible Kapha. Le thé Assam est fort en goût et en caféine, de quoi donner un coup de peps assuré ! À consommer avec ou sans lait, sucré ou non.

Ingrédients pour 4 personnes

4 cuillerées à soupe de thé noir de variété Assam
½ litre de lait demi-écrémé
2 cm de gingembre bio
Épices entières : 1 étoile de badiane, 1 bâton de cannelle, 4 gousses de cardamome, 2 clous de girofle
4 cuillerées à café de sucre complet

Dans un mortier, écrasez grossièrement les gousses de cardamome, les clous de girofle et la cannelle.

Faites bouillir le lait avec 50 cl d'eau filtrée avec le thé noir, coupez le feu et ajoutez toutes les épices et le sucre. Couvrez et laissez les épices infuser pendant 5 à 6 minutes.

Servez brûlant.

ASTUCE **Le lait d'amande, de soja ou de riz remplace sans problème le lait de vache dans cette recette. Si vous préférez une version sans caféine, vous pouvez tout simplement omettre le thé. Cela donne une infusion Chaï que vous pouvez savourer à toute heure. Prenez garde, cela va devenir votre nouvelle addiction !**

Été

MA SHOPPING LIST

- **Fruits :**
  Avocats
  Pêches
  Nectarines
  Melons
  Pastèques
  Fraises
  Cassis
  Brugnons
  Mirabelles
  Mûres
  Myrtilles
  Cerises
  Raisins
  Poires
  Mangues
  Prunes
  Pommes

- **Légumes :**
  Ail
  Artichauts
  Betteraves
  Cresson
  Fenouil
  Haricots verts
  Brocolis
  Concombres
  Salades
  Endives
  Légumes feuillus verts
  Céleri
  Pousses
  Patates douces
  Aubergines
  Courgettes
  Poivrons
  Tomates (à limiter si problèmes)

- **Céréales :**
  Blé
  Avoine
  Seigle
  Riz Basmati blanc
  Millet

- **Légumineuses :**
  Haricots mungo
  Pois chiches
  Tofu
  Lentilles

- **Protéines animales :**
  Laitages
  Poissons d'eau douce
  Crevettes
  Poulet
  Dinde

- **Condiments :**
  Vinaigre de cidre
  Citron vert

- **Graines et noix :**
  Noix de coco râpée
  Graines de tournesol
  Amandes blanchies
  Noix de cajou

- **Herbes et épices :**
  Cardamome
  Coriandre
  Persil
  Menthe
  Fenouil
  Aneth
  Cumin
  Safran
  Curcuma

– Lassi salé à la betterave –

Les betteraves rouges cuites au goût sucré sont très équilibrantes pour Pitta. L'association avec les laitages et la menthe en fait une recette rafraîchissante, hydratante et régénérante idéale pour l'été.

Ingrédients pour 4 personnes

200 g de betterave rouge crue
5 feuilles de menthe
200 g de yaourt au lait entier
20 cl de lait entier
Sel

Nettoyez les betteraves et séchez-les bien. Enveloppez-les dans du papier d'aluminium et faites-les cuire au four à 200 °C (th. 6-7) pendant 35 à 40 minutes selon leur taille. (Vous pouvez aussi utiliser des betteraves déjà cuites.)

Laissez refroidir, puis épluchez et coupez les betteraves en petits morceaux. Mixez-les avec le lait et le yaourt, ainsi que les feuilles de menthe, salez à votre convenance.

Laissez reposer au frais pendant 1 heure avant de servir.

ASTUCE **Pour une version vegan, remplacez :**
- **Le yaourt au lait entier par un yaourt au soja nature ou bien du tofu soyeux ;**
- **Le lait entier par un lait végétal assez neutre (le lait de coco se marie à merveille avec la betterave).**

– Wrap de chapati au poulet, –
cresson et cottage cheese

Envie d'un wrap frais ? Le chapati de blé est refroidissant et nourrissant, ce qui est bon pour Pitta, de même que le cottage cheese ; la marinade est plutôt chauffante, pour soutenir la digestion de la viande… le tout accompagné de produits de saison savoureux et équilibrants (cresson et radis).

Ingrédients pour 4 personnes

4 chapatis
300 g de blanc de poulet
1 poignée de cresson
100 g de cottage cheese
10 radis
1 citron jaune
2 gousses d'ail
10 feuilles de menthe
2 cm de gingembre frais
1 pincée de curcuma
Huile végétale
Sel

Dans un mortier, écrasez au pilon les feuilles de menthe avec un peu de sel, le curcuma, le jus de citron, les gousses d'ail dégermées et le gingembre jusqu'à obtenir une pâte homogène.

Coupez en aiguillettes le poulet, et enduisez-les de la pâte. Laissez reposer pendant 1 heure au frais.

Saisissez ensuite les aiguillettes de poulet dans une poêle chaude un peu huilée.

Sur une galette de blé (chapati), étalez 1 cuillerée à soupe de cottage cheese, ajoutez quelques feuilles de cresson, des lamelles de radis et du poulet. Refermez le chapati en le roulant. Renouvelez l'opération avec les autres chapatis et dégustez.

– Taboulé à l'indienne –

Une variation indienne « ayurvédiquement » parfaite pour l'été du taboulé que nous connaissons tous. La différence : l'accent est mis sur les herbes aromatiques rafraîchissantes avec la menthe et la coriandre, parfaites pour apaiser Pitta, des lentilles pour apporter plus de satiété, une note acidulée amère avec la grenade, et une saveur gourmande avec l'huile d'olive.

Ingrédients
pour 4 personnes

100 g de lentilles (mélangées : corail, vertes, jaunes)
2 tomates mûres mais fermes ou 12 tomates cerise
1 poignée de graines de grenade
1 citron vert
1 botte de coriandre
1 botte de menthe
Huile d'olive
Sel, poivre du moulin

Faites cuire les lentilles dans un grand volume d'eau salée pendant 15 minutes.

Pendant ce temps, effeuillez la menthe et la coriandre, lavez et séchez les feuilles, puis hachez-les. Détaillez les tomates en petits morceaux (vous pouvez enlever la peau) et mélangez-les aux herbes fraîchement hachées.

Préparez la vinaigrette : émulsionnez 2 cuillerées à soupe d'huile d'olive avec le jus du citron, salez et poivrez.

Une fois les lentilles cuites et fermes, refroidissez-les sous l'eau froide et laissez-les s'égoutter soigneusement.

Mélangez tous les ingrédients avec la vinaigrette et servez en accompagnement ou avec un pain indien.

– Cabillaud en papillote, –
huile de coco et pesto de menthe

La cuisson du poisson en papillote conserve toutes ses vertus tout en lui donnant une texture moelleuse et en accentuant toutes ses saveurs. Ici l'huile de coco sucrée, la coriandre sucrée amère, le piment vert épicé mais pas piquant et le citron vert aigre rafraîchissant se marient parfaitement en bouche, mais aussi en action pour équilibrer Pitta.

Ingrédients pour 4 personnes

4 morceaux de dos de cabillaud d'environ 200 g
2 tomates bien mûres
2 petits piments verts finement émincés
1 citron vert
1 oignon rouge
1 botte de menthe
10 brins de coriandre
1 poignée de mélange de graines : courge, tournesol, sésame, pignons
2 cuillerées à soupe de pignons de pin grillés
4 cuillerées à soupe d'huile de noix de coco
Huile d'olive
Sel

Préchauffez le four à 180 °C (th. 6). Dans 4 morceaux de papier cuisson, disposez un filet d'huile de coco, un morceau de cabillaud, quelques feuilles de coriandre, un peu de piment vert émincé, quelques morceaux de tomate et arrosez du jus d'un demi-citron vert. Refermez bien la papillote de papier cuisson et enfournez pour 12 à 15 minutes.

Pendant ce temps, préparez une salade avec le restant de la tomate, l'oignon rouge émincé, quelques feuilles de menthe, et quelques graines mélangées, et arrosez du jus de citron vert restant.

Préparez un pesto de menthe : mixez une poignée de feuilles de menthe avec les pignons de pin, du sel et un filet d'huile d'olive. Réservez.

Sortez les papillotes du four, et servez-les aussitôt accompagnées du pesto de menthe et de la salade fraîche.

– Paneer grillé, –
maïs et poivron sauté aux graines de moutarde

Le paneer est un aliment de prédilection pour Pitta, et donc pour l'été. Frais, riche et délicieux, c'est aussi un apport complet pour un repas végétarien. De plus, la sauce à la menthe est parfaite pour équilibrer la poêlée de légumes chauffants.

Ingrédients
pour 4 personnes

500 g de paneer
(voir p. 92)
200 g de maïs
150 g de poivron
(vert ou rouge)
1 yaourt à la grecque
½ citron vert
10 feuilles de menthe
1 cuillerée à soupe
de graines de moutarde
noire
2 cm de gingembre frais
Ghee
Sel

Émincez le poivron en lanières, lavez et égouttez le maïs, râpez le gingembre frais. Détaillez en quatre gros morceaux le paneer.

Lavez les feuilles de menthe et mixez-les avec le yaourt, du sel et un peu de gingembre. Réservez.

Dans une poêle bien chaude, faites dorer les morceaux de paneer sur chaque face, dans le ghee. Réservez et couvrez d'un papier d'aluminium.

Dans la même poêle, grillez les graines de moutarde, ajoutez le gingembre restant râpé, puis le maïs et le poivron. Faites revenir à feu moyen tout en remuant pendant 10 minutes.

Ajoutez le paneer et servez chaud avec la sauce à la menthe et un filet de jus de citron.

– Aubergines rôties au curcuma, –
raïta à la grenade

L'aubergine est à l'honneur ici avec une sauce au yaourt rafraîchissante et épicée. Les laitages, de par leurs actions refroidissante, nutritive et régénérante, sont des alliés de choix pour l'été. Le seul bémol pour Pitta peut être leur possible aigreur. L'ajout de citron vert permet de les antidoter.

Ingrédients pour 4 personnes

2 aubergine bien lisses et fermes
2 yaourts à la grecque
100 g de graines de grenade
2 gousses d'ail
1 pincée de piment fumé
1 cuillerée à café de curcuma
½ citron vert
Huile végétale
Sel

Préchauffez le four à 200 °C (th. 6-7). Lavez les aubergines et coupez-les en deux dans la longueur, puis faites des croisillons dans la chair sans couper la peau.

Dégermez l'ail et pressez-le. Mélangez 2 cuillerées à café d'huile avec le curcuma, l'ail pressé et une pincée de sel. Badigeonnez ce mélange sur les aubergines. Enfournez pour 25 minutes dans la partie basse du four.

Préparez la sauce au yaourt en mélangeant le yaourt avec le jus de citron vert et une belle pincée de piment fumé, et salez légèrement.

Servez les aubergines chaudes avec la sauce au yaourt et quelques graines de grenade.

ASTUCE **Cette recette est facilement adaptable pour les végétaliens en remplaçant le yaourt au lait entier par un équivalent végétal (soja, coco, tofu soyeux, crèmes végétales...). De plus, on peut réaliser de nombreuses variantes avec tous les légumes : courgettes, poivrons, pommes de terre...**

– Eau parfumée au melon, – cardamome et badiane

Rien de mieux qu'une eau aromatisée en été pour penser à s'hydrater tout en se faisant plaisir ! La badiane et la cardamome, très aromatiques, sont ici tempérées par le sucre non raffiné. Le melon, surtout cantaloup, de par ses caractéristiques (sucré, hydratant, rafraîchissant et moelleux), est un produit de saison magnifique pour équilibrer Pitta.

Ingrédients pour 4 personnes

1 melon
10 gousses de cardamome
2 étoiles de badiane
Quelques écorces de citron séchées
50 g de sucre non raffiné (type rapadura)

Préparez un sirop : dans une casserole, faites bouillir à petit frémissement le sucre avec 50 cl d'eau ainsi que les gousses de cardamome écrasées, la badiane et les écorces de citron.

Au bout de 10 minutes, coupez le feu et ajoutez des billes de melon et 50 cl d'eau filtrée. Laissez reposer au frais pendant 1 heure avant de servir.

VARIANTE

Remplacez le melon par de la pastèque, et variez les épices : avec la pastèque, la cardamome (10 gousses) et la coriandre (1 cuillerée à soupe) sont parfaites. Elles agissent comme des diurétiques légers ; c'est d'ailleurs un remède ayurvédique pour aider à faire baisser la tension, qui peut monter en été, la saison de Pitta.
La pastèque étant déjà très sucrée, il n'est pas nécessaire de faire un sirop ou d'ajouter du sucre. Laissez juste infuser les épices dans l'eau chaude puis ajoutez les billes de pastèque une fois le liquide redescendu à température ambiante avant de placer au frais. Pour les plus curieux et aventureux, essayez avec une pointe de poivre et de sel, c'est délicieux.

SINCE 1935
ROSE
FLAVOUR
DELICIOUS SYRUP

– Salade de fruits de saison, –
sirop de rose et noisettes

Une salade de fruits de saison est le meilleur moyen de savourer toutes les saveurs des fruits. Surtout en été, avec tous les fruits sucrés, moelleux et juteux disponibles. La rose et la menthe sont idéales pour donner une pointe originale et délicieuse, tout en calmant Pitta.

Ingrédients pour 4 personnes

1 mangue bien mûre et ferme
12 fraises
1 petit melon charentais
12 cranberries séchées
12 noisettes
8 feuilles de menthe douce
3 cuillerées à soupe de sirop de rose

Épluchez la mangue et coupez-la en julienne, taillez les fraises et détaillez des billes de melon à la cuillère parisienne.

Dans un saladier, mélangez les fruits taillés et les cranberries, et arrosez de sirop de rose. Laissez reposer au frais pendant 1 heure.

Ajoutez la menthe émincée et les noisettes concassées au moment de servir.

Automne

MA SHOPPING LIST

- **Fruits :**
  Avocats
  Raisins
  Poires
  Pommes
  Bananes
  Citrons jaunes et verts
  Kiwis
  Dattes
  Pamplemousses
  Oranges
  Mirabelles
  Châtaignes
  Coings
  Clémentines
  Mandarines
  Prunes

- **Légumes :**
  Carottes
  Betteraves rouges
  Blettes
  Cèpes
  Chou chinois
  Mâche
  Cresson
  Radis
  Topinambours
  Poireaux
  Oignons
  Courges d'hiver
  Salsifis
  Salades
  Patates douces
  Pommes de terre
  Navet
  Lotus
  Champignons
  Céleris
  Rutabagas

- **Céréales :**
  Riz blanc ou complet Blé
  Avoine
  Boulgour
  Quinoa
  Amarante
  Millet

- **Légumineuses :**
  Haricots mungo
  Azukis
  Dal
  Tofu

- **Protéines animales :**
  Toutes

- **Condiments :**
  Miso
  Sauce soja
  Tamarin

- **Graines et noix :**
  Noix
  Tous les oléagineux sont bons car nourrissants mais à consommer avec parcimonie

- **Herbes et épices :**
  Cannelle
  Cumin
  Gingembre
  Cardamome
  Curcuma
  Noix muscade
  Ail
  Origan
  Paprika
  Persil
  Anis
  Moutarde
  Ase fétide
  Safran
  Clous de girofle

– Salade d'épinards, –
betteraves et panais rôtis

Une salade plutôt cuite pour diminuer Vata montant en automne, des légumes de saison cuits au four pour souligner leur goût sucré et régressif, une vinaigrette olive-sésame-curcuma chauffante et savoureuse… le tout en gardant un petit côté « crunchy » avec les pousses d'épinards et les graines de courge.

Ingrédients
pour 4 personnes

200 g de jeunes pousses d'épinards
100 g de betteraves cuites
2 ou 3 panais
50 g de châtaignes cuites
1 poignée de graines de courge
½ cuillerée à café de curcuma
1 cuillerée à café de vinaigre de cidre de pomme
2 cuillerées à café d'huile de sésame
2 cuillerées à café d'huile d'olive
Sel, poivre

Préchauffez le four à 200 °C (th. 6-7). Grattez les panais, comme une carotte, coupez-les en quatre dans la longueur, badigeonnez-les d'huile d'olive et passez-les au four avec les châtaignes pendant 10 à 12 minutes.

Lavez les jeunes pousses d'épinards et essorez-les, détaillez de fines lamelles de betteraves.

Préparez la vinaigrette : émulsionnez l'huile de sésame avec le vinaigre de cidre et une belle pincée de curcuma, salez et poivrez.

Mélangez tous les ingrédients avec les panais tièdes, les graines de courges et la vinaigrette, et servez aussitôt.

ASTUCE **Pour innover, jouez avec les autres légumes anciens : rutabaga, topinambour...**

– Naans garnis, –
crème d'avocats, chou-fleur et pois chiches

Le curry de Madras est une autre churna indienne que nous connaissons tous. Il a de multiples vertus : digestive, carminative, anti-flatulente... Ici il antidote le chou-fleur et les pois chiches qui, bien que très bénéfiques pour Vata, peuvent lui être difficiles à digérer. L'avocat et le yaourt épicés apportent une touche onctueuse nutritive.

Ingrédients pour 4 personnes

4 naans
2 avocats bien mûrs
400 g de chou-fleur
400 g de pois chiches cuits
1 citron vert
1 yaourt à la grecque
1 oignon rouge
10 brins de coriandre
1 cuillerée à café de paprika
2 cuillerées à café de curry de Madras
2 cuillerées à café de ghee fondu
Sel

Préchauffez le four à 180 °C (th. 6). Détaillez le chou-fleur en sommités, lavez-le et séchez-le soigneusement. Lavez les pois chiches et égouttez-les.

Dans un grand saladier, mélangez le curry de Madras avec le ghee fondu, puis ajoutez les pois chiches et le chou-fleur.

Disposez une feuille de papier sulfurisé sur une plaque et étalez les pois chiches et le chou-fleur. Enfournez pour 20 minutes et mélangez à mi-cuisson.

Pendant ce temps, préparez la crème d'avocat : écrasez la chair des avocats avec le jus d'un demi-citron, la moitié du paprika, le yaourt et du sel. Réservez au frais.

Une fois les légumes rôtis, disposez sur les naans la crème d'avocat, les pois chiches et le chou-fleur, de fines lamelles d'oignon rouge, un filet de jus de citron, quelques brins de coriandre et saupoudrez de paprika. Servez aussitôt.

– Saumon poché au lait de coco, –
okras et champignons

Rien de meilleur en cette saison qu'un bouillon ! Cela réchauffe, hydrate et nourrit profondément. Le saumon est un poisson à chair grasse, idéal pour Vata. La cuisson pochée au lait de coco lui confère une texture douce et moelleuse, et une note sucrée acidulée par le citron vert. Le tout avec des épices digestives savoureuses bien sûr !

Ingrédients pour 4 personnes

4 petits pavés de saumon sauvage
200 g d'okras
2 champignons de Paris
2 piments rouges frais
1 citron vert
2 oignons nouveaux
2 gousses d'ail
5 brins de coriandre fraîche
4 cm de gingembre
1 cuillerée à café de cumin en poudre
25 cl de lait de coco
Huile végétale
Sel

Rincez les okras rapidement et séchez-les avec un torchon. Lavez l'oignon nouveau et émincez-le finement. Rincez et émincez finement les champignons de Paris.

Dans une casserole, faites frire le gingembre et l'ail râpés dans un filet d'huile végétale, puis ajoutez les okras, les champignons et le piment rouge haché. Faites sauter à feu moyen en remuant sans cesse.

Au bout de 5 minutes, ajoutez le cumin et le jus du citron vert, puis le lait de coco et laissez frémir pendant 5 minutes à feu doux.

Pochez les pavés de saumon dans la préparation au lait de coco pendant 10 minutes, puis salez légèrement et, au moment de servir, ajoutez l'oignon frais émincé et la coriandre hachée.

Servez avec un mélange de riz Basmati et de riz sauvage.

– Courge farcie au paneer –
et crème safranée

Un repas végétarien parfait pour l'automne avec butternut et paneer. Les graines de cumin toastées à sec parfument et ajoutent une pointe de délicatesse à ce plat. Le safran est une épice de choix qui nous donne l'impression de nous traiter comme des rois. Ses vertus sont à la fois digestives, régénérantes (cœur, reproduction, système nerveux) et aphrodisiaques.

Ingrédients pour 4 personnes

1 courge type Butternut
1 poignée de graines de courge
1 petit oignon rouge
1 cuillerée à soupe de graines de cumin
1 dose de safran en poudre ou en filaments
20 cl de crème liquide entière

Pour le paneer :
1 litre de lait
2 cuillerées à soupe de vinaigre blanc

Préparez le paneer : faites chauffer le lait dans une casserole jusqu'à ébullition, puis ôtez du feu et ajoutez le vinaigre. Laissez refroidir et mélangez de temps en temps, puis filtrez le fromage et jetez le petit lait. Essorez légèrement.

Préchauffez le four à 180 °C (th. 6). Coupez la courge en deux, ôtez les pépins et creusez la chair en laissant 1 cm de bords. Gardez la chair ôtée de côté.

Épluchez l'oignon rouge, et hachez-le finement. Dans une casserole d'eau bouillante salée, faites cuire pendant 6 à 7 minutes la chair de courge mise de côté, égouttez-la et écrasez-la à la fourchette.

Pendant ce temps, torréfiez légèrement le cumin dans une poêle à sec. Dans une petite casserole, faites chauffer sans faire bouillir la crème liquide avec le safran.

Dans un saladier, mélangez la chair de courge écrasée, l'oignon rouge, le paneer et les graines de cumin. Salez et garnissez les 2 demi-courges, puis couvrez de crème safranée et saupoudrez par-dessus quelques graines de courge. Enfournez pour 30 minutes dans la partie basse du four.

– Fricassée de poulet –
au yaourt et à la cardamome

La marinade est à la fois douce, fondante, acidulée et piquante, ce qui augmente notre feu digestif pour préparer la digestion du poulet. Les épices de cuisson sont toutes chauffantes, ce qui est bénéfique pour Vata, surtout en cette saison. Le clou de girofle est aussi utilisé pour nettoyer les poumons et les orifices de la tête (sinus, narines, dents), ainsi que comme antiseptique et antispasmodique.

Ingrédients pour 4 personnes

4 cuisses de poulet fermier
2 yaourts nature
1 citron vert
3 oignons (rouges de préférence)
6 gousses d'ail
4 à 5 feuilles de curry
1 petit morceau de gingembre frais (ou 1 cuillerée à café de pâte de gingembre, voir p. 119)
6 gousses de cardamome
½ cuillerée à café de curcuma
1 bâton de cannelle
4 clous de girofle
4 cuillerées à soupe d'huile végétale

Préparez la marinade au yaourt : mélangez bien les yaourts avec le jus du citron, 2 cuillerées à soupe d'huile végétale, le curcuma, les gousses d'ail dégermées et pressées, et le gingembre. Imprégnez soigneusement le poulet et laissez reposer 2 à 3 heures.

Au bout de ce temps, faites chauffer les 2 cuillerées à soupe d'huile restantes et faites-y revenir les feuilles de curry, les gousses de cardamome, le bâton de cannelle et les clous de girofle. Ajoutez les oignons émincés et laissez colorer 10 minutes en remuant.

Ajoutez ensuite le poulet et le yaourt de la marinade. Colorez rapidement les morceaux de poulet, ajoutez 10 cl d'eau, puis couvrez et laissez mijoter à feu doux pendant 25 à 30 minutes.

– Agneau confit au tamarin –

Les saveurs fondantes fermentées salées ou sucrées sont parfaites pour l'automne, donc place aux confits ! Le tamarin aigre et chauffant a une légère action laxative, amplifiée ici par l'ail, ce qui est favorable pour Vata. Utilisez du tamari au lieu de la sauce soja pour une version sans gluten.

Ingrédients
pour 4 personnes

1 souris d'agneau
ou une petite épaule
d'agneau d'environ 500 g
50 g de pâte de tamarin
1 tête d'ail
1 cuillerée à café
de gingembre en poudre
10 cl de tamari
ou de sauce soja salée

Préparez le jus de tamarin : trempez la pâte de tamarin dans 20 cl d'eau chaude et laissez le tamarin se diluer pendant 30 minutes, puis filtrez.

Ajoutez au jus de tamarin le tamari (ou sauce soja salée) et le gingembre en poudre, et enrobez bien l'agneau de cette préparation. Recouvrez d'un film alimentaire et laissez reposer pendant 2 heures au frais.

Pendant ce temps, épluchez les gousses d'ail et faites-les cuire 5 minutes à l'eau bouillante salée. Réservez.

Préchauffez le four à 180 °C (th. 6). Dans une cocotte, déposez l'agneau et sa marinade ainsi que les gousses d'ail blanchies, couvrez et laissez cuire au four pendant 1 heure 30 à 2 heures selon la taille du morceau d'agneau choisi.

Servez avec une semoule épicée au cumin ou avec des petites pommes de terre au four.

– Halwa à la noix de coco –

Un dessert gourmand et sain, ou même un snack dans la journée, idyllique pour cette saison. À la fois savoureux, nutritif, sucré et épicé, le halwa calme Vata et nous aide à régénérer notre énergie.

Ingrédients pour 4 personnes

150 g de semoule de blé moyenne (type dessert)
20 g de noix de coco déshydratée
1 gousse de vanille
15 cl de crème de noix de coco
25 g de ghee

Faites fondre le ghee, ajoutez la semoule et faites dorer à feu doux en remuant.

Ajoutez la crème de noix de coco, mélangez bien et ajoutez les graines de la gousse de vanille, puis laissez cuire doucement en ajoutant au fur et à mesure 25 cl d'eau. Laissez épaissir jusqu'à ce qu'une pâte se forme en se décollant des parois.

Disposez aussitôt la pâte dans un plat ou sur une plaque, tassez-la bien, filmez et laissez refroidir.

Découpez en carrés ou en losanges, et saupoudrez de noix de coco.

Ces bouchées se conservent 2 à 3 semaines dans une boîte hermétique.

Hiver

MA SHOPPING LIST

- **Fruits :**
  Citrons jaunes et verts
  Pommes
  Poires
  Grenades
  Figues
  Dattes
  Raisins secs
  Mangues
  Noix de coco
  Oranges
  Clémentines

- **Légumes :**
  Tous les légumes verts (blettes, chou kale, cresson, épinards, poireaux…)
  Courges d'hiver (potimarron, butternut, patidou, spaghetti…)
  Choux de Bruxelles
  Fenouil
  Brocolis
  Choux
  Endives
  Panais
  Céleris
  Bok choy
  Navets
  Betteraves
  Carottes
  Patates douces
  Pommes de terre
  Salsifis
  Topinambours

- **Céréales :**
  Sarrasin
  Millet
  Seigle
  Avoine
  Quinoa
  Orge
  Riz complet

- **Légumineuses :**
  Azukis
  Haricots secs en général (blancs, noirs, rouges)
  Pois chiches
  Lentilles rouges
  Pois cassés
  Urad dal
  Haricots mungo

- **Protéines animales :**
  Poulet
  Dinde
  Chevreuil
  Œufs
  Poissons plutôt gras
  Fruits de mer

- **Condiments :**
  Vinaigre de cidre
  Pickles
  Miso

- **Graines et noix :**
  Graines de sésame
  Graines de tournesol
  Graines de courge

- **Herbes et épices :**
  Romarin
  Thym
  Sauge
  Curry
  Ail
  Gingembre
  Oignons
  Graines de moutarde
  Graines de fenugrec
  Graines de fenouil
  Graines de cumin
  Clous de girofle
  Noix muscade
  Persil
  Paprika
  Ase fétide

– Pickles de radis noir –

Les pickles sont des préparations de légumes fermentés (de quelques jours à plusieurs semaines). Comme toute fermentation, les pickles ont de nombreux apports bénéfiques à la santé : ils augmentent l'appétit, la circulation sanguine, stimulent la digestion, réchauffent, aident à liquéfier les accumulations de mucus… des bienfaits pour l'hiver mais qui doivent être consommés avec modération au risque d'aggraver Pitta et de créer des inflammations. Une astuce pour l'hiver : mangez-en 1 cuillerée à soupe avant le repas.

Ingrédients pour 4 personnes

1 radis noir bien ferme bio
1 pincée de curcuma
1 cuillerée à soupe de graines de moutarde
20 cl de vinaigre de vin blanc
1 cuillerée à soupe de sucre
1 cuillerée à café de sel

Lavez et séchez soigneusement le radis noir, gardez la peau. Coupez le radis noir en rondelles bien fines d'environ 2 à 3 mm à l'aide d'une mandoline.

Mettez le radis dans un bol ou une passoire avec le sel, mélangez bien et laissez dégorger pendant 10 à 15 minutes.

Pendant ce temps, réalisez la saumure : dans une casserole, faites dissoudre le sucre dans 20 cl d'eau tiède, puis ajoutez le vinaigre et le curcuma. Une fois le sucre fondu, laissez refroidir.

Dans une petite poêle, torréfiez les graines de moutarde pendant 2 minutes.

Mettez les lamelles de radis dans un bocal bien propre et sec puis versez la saumure tiède ou froide jusqu'en haut du bocal et ajoutez les graines de moutarde. Les radis doivent être totalement immergés. Laissez à température ambiante quelques heures puis stockez au frais. Vous pourrez les consommer au bout de 3 jours ou plus, idéalement.

ASTUCE **Conservez les pickles pendant au moins deux semaines et accompagnez-en vos repas indiens pour apporter une touche acidulée.**
Remplacez le radis noir par de la carotte, du chou-fleur, des oignons ou encore des navets, vous pouvez aussi mélanger les légumes.

– Tartines tièdes aux œufs pochés, pesto de chou kale et oignons caramélisés –

Les ingrédients sélectionnés pour cette tartine sont tous chauffants et favorables à la réduction de Kapha. Ce pesto créatif combine une action digestive détoxifiante, grâce au chou blanchi et au cumin toasté, et à la saveur douce et enfantine de l'huile de noisette.

Ingrédients
pour 4 personnes

4 tranches de pain de seigle
4 œufs bios
3 branches de chou kale
6 petits oignons roses ou 2 oignons rouges
120 g de fromage frais à tartiner
½ cuillerée à café de graines de cumin
1 pincée de curcuma
Vinaigre de vin blanc
Ghee
Huile de noisette
1 cuillerée à soupe de sucre non raffiné (brun)
Sel, poivre du moulin

Préparez les oignons confits : épluchez et coupez les oignons en fines lamelles. Dans une poêle chaude, faites fondre le ghee, puis ajoutez le curcuma et les lamelles d'oignons et saupoudrez de sucre. Laissez cuire à feu doux jusqu'à la caramélisation, puis ajoutez 3 cuillerées à soupe d'eau et laissez confire pendant 5 minutes, toujours à feu doux.

Pendant ce temps, préparez le pesto de chou kale. Ôtez la tige centrale, et blanchissez le chou : ébouillantez-le dans une eau salée pendant 3 minutes, puis trempez-le dans l'eau froide salée et égouttez très soigneusement.

Grillez à sec le cumin dans une poêle. Dans le bol d'un mixeur, disposez le chou kale blanchi, une pincée de sel, le cumin grillé, et ajoutez l'huile de noisette au fur et à mesure jusqu'à obtenir un pesto bien homogène. Faites griller les tranches de pain de seigle au grille-pain, tartinez-les de fromage frais, et déposez-y les lamelles d'oignons confits.

Pochez les œufs : dans une petite casserole, faites bouillir de l'eau avec 1 cuillerée à soupe de vinaigre de vin blanc, formez un petit tourbillon dans l'eau à l'aide d'une cuillère en bois et déposez-y l'œuf cru en continuant à tourner tout doucement pour envelopper le jaune avec le blanc d'œuf. Déposez l'œuf poché sur les oignons et ajoutez un filet de pesto de chou kale, dégustez tiède aussitôt.

ASTUCE **en hiver, gardez vos envies de fromage pour les jours ensoleillés. C'est garanti pour une bonne digestion sans création de toxines (« no cheese on foggy day ») !**

– Dahl de lentilles jaunes, –
chou kale et noix de coco

Le dahl est un plat traditionnel de la cuisine végétarienne indienne et ayurvédique. Le moong dahl concassé est tridoshique. Considéré comme le roi des légumineuses en ayurvéda, il est à la fois sucré, refroidissant et léger (le plus digeste), ce qui en fait un atout majeur pour nourrir tous nos tissus et doper notre système immunitaire sans tuer notre feu digestif. Le moong dahl est aussi riche en minéraux alcalins (magnésium, sodium, potassium, calcium) ainsi qu'en fibres, protéines et glucides. Il fournit tous les apports nécessaires lorsqu'il est combiné avec une céréale et des légumes.

Ingrédients pour le dahl au lait de coco

200 g de moong dahl (petites lentilles jaunes)
2 branches de chou kale
25 cl de lait de coco
Noix de coco râpée (en option)
3 gousses d'ail frais (ou 1 cuillerée à soupe de pâte d'ail, voir p. 119)
2 à 3 brins de coriandre fraîche
1 petit piment rouge
2 cm de gingembre frais (ou 1 cuillerée à soupe de pâte de gingembre, voir p. 119)
1 étoile de badiane
4 gousses de cardamome
1 cuillerée à soupe de graines de moutarde
½ cuillerée à café de curcuma en poudre
1 citron vert
Ghee
Sel

Rincez les lentilles et versez-les dans une casserole d'eau froide non salée avec le curcuma en poudre. Portez à ébullition et laissez cuire pendant 15 à 20 minutes ou jusqu'à ce qu'elles soient bien cuites.

Blanchissez le chou kale : ébouillantez-le dans une eau salée pendant 3 minutes, puis trempez-le dans de l'eau froide salée. Égouttez très soigneusement et hachez grossièrement.

Préparez à part les épices : dans une sauteuse, faites chauffer 2 cuillerées à soupe de ghee et faites revenir la cardamome, les graines de moutarde et la badiane pendant 5 minutes. Ajoutez l'ail dégermé et haché (ou la pâte d'ail) et le gingembre épluché et râpé (ou la pâte de gingembre), et le piment rouge haché et laissez cuire 3 minutes.

Ajoutez cette préparation aux lentilles cuites, ainsi que le chou kale et le lait de coco, couvrez, salez et laissez cuire encore 10 minutes à feu doux.

Mélangez bien et servez parsemé de coriandre, de noix de coco râpée et d'un filet de jus de citron vert.

Accompagnez cette recette de chapatis.

– Veloutó de patates douces –
au sésame noir

Comme le dit le célèbre conte *Ali Baba et les Quarante Voleurs* : « Sésame, ouvre-toi ». Ces mots magiques ouvrent sur un trésor. Le sésame (pâte, huile, grains) est considéré comme un véritable trésor en ayurvéda. Sa saveur de noix a aussi bien sa place dans la cuisine sucrée que salée. Sa concentration en huile lubrifie et protège les tissus, renforce l'immunité et maintient la température corporelle. La patate douce au goût suave et sucré est l'un des rares régénérants à être aussi apaisant pour Kapha ; le tout marié à des épices chauffantes et digestives. Voilà une soupe riche et onctueuse parfaite pour l'hiver !

Ingrédients
pour 4 personnes

300 g de patates douces
1 cuillerée à soupe de sésame noir + un peu pour la déco
2 cm de gingembre frais bio
1 cuillerée à café de graines de cumin
20 cl de crème de coco + un peu pour la déco
30 cl de bouillon de légumes
Ghee

Épluchez les patates douces et coupez-les en morceaux d'environ 0,5 cm d'épaisseur. Faites-les cuire avec le gingembre épluché, dans le bouillon de légumes pendant 15 à 20 minutes – vérifiez la cuisson en enfonçant un couteau dans la chair.

Pendant la cuisson, faites frire les graines de cumin dans 1 cuillerée à café de ghee, et réservez.

À l'aide d'un mixeur, mixez la chair des patates douces avec la crème de coco, le cumin frit et le sésame. Dégustez chaud avec un pain naan. Nappez d'un filet de crème de coco et parsemez de graines de sésame. Servez aussitôt.

– Consommé de riz complet –
pimenté, lotte et brocoli

Le consommé est un mode de préparation tridoshique. Le bouillon est équilibrant pour Vata et Kapha. Chauffant, il comporte les 6 goûts dont nous avons besoin : sucré (carotte), aigre (tamarin), salé, piquant (gingembre, piments), amer et astringent (brocoli). De plus, la lotte est cuite pochée afin de garder sa texture souple et de préserver ses nutriments.

Ingrédients pour 4 personnes

120 g de riz Basmati complet (Tilda)
4 petits médaillons de lotte
1 petit brocoli
1 carotte jaune
1 carotte orange
1 piment vert
1 piment rouge
1 cuillerée à soupe de pâte de tamarin concentrée
2 cm de gingembre frais
50 cl de bouillon de légumes

Coupez en quatre les médaillons de lotte. Épluchez les carottes et coupez-les en cubes de 1 cm environ. Détaillez le brocoli en petites sommités.

Dans une grande casserole, faites chauffer le bouillon de légumes avec la pâte de tamarin, puis ajoutez les piments émincés (sans les pépins) et le gingembre frais épluché. Laissez frémir pendant 5 minutes.

Faites-y cuire les carottes et le brocoli pendant 12 à 13 minutes. Retirez les légumes et réservez.

Faites cuire parallèlement dans un grand volume d'eau salé, le riz complet pendant 20 minutes, égouttez-le.

Pochez les morceaux de lotte pendant 5 minutes dans le bouillon de légumes au tamarin et ajoutez-y les légumes et le riz. Poursuivez la cuisson à feu moyen pendant 5 minutes et servez chaud.

– Pullao de riz Basmati, – potimarron et oignon rouge

Ce pullao revisité associe la courge et le riz Basmati pour un plat à la texture crémeuse. Ces deux ingrédients étant sucrés et refroidissants, il est important de les rectifier avec des épices chauffantes pour l'hiver : ici la coriandre et les graines de moutarde poêlées au ghee pour révéler ses arômes et ses vertus.

Ingrédients pour 4 personnes

200 g de riz Basmati Tilda pur
300 à 350 g de potimarron
1 petit oignon rouge
1 tige de cébette
1 cuillerée à soupe de graines de moutarde
1 cuillerée à café de coriandre en poudre
1 citron vert
Ghee

Lavez le riz Basmati et égouttez-le. Coupez le potimarron en petits morceaux d'environ 1 cm et l'oignon rouge.

Dans une sauteuse, faites revenir les graines de moutarde et la coriandre en poudre dans le ghee chauffé. Ajoutez le riz et les légumes et faites revenir le tout en remuant. Salez et ajoutez 320 ml d'eau froide. Couvrez la sauteuse et laissez cuire 17 à 18 minutes à feu doux.

Laissez ensuite reposer le pullao sans ouvrir, pendant 5 minutes, puis égrainez délicatement le riz à l'aide d'une fourchette. Ajoutez la cébette ciselée et un filet de jus de citron au moment de servir.

ASTUCES **Ce pullao peut être une farce parfaite pour une butternut ou un potimarron rôti au four. Coupez le potimarron en deux et videz-le de ses graines. Huilez légèrement, salez et poivrez, puis enfournez pour 30 minutes à 190 °C (th. 6-7). Quand il est tendre et fondant, sortez-le du four. Prélevez la chair pour l'incorporer dans la recette du pullao, puis utilisez ce dernier pour fourrer le potimarron (la peau se mange et est savoureuse). Un repas complet et joliment présenté pour un moment en famille ou entre amis !**

– Couscous épicé, –
légumes de saison confits

Un couscous végétarien est un plat complet en hiver. Il satisfait tous nos sens ainsi que notre appétit. Les légumes de saison sont ici privilégiés, apaisants pour Kapha et Vata. Le curcuma, le cumin et la coriandre, de par leurs actions carminatives, digestives et antispasmodiques, boostent notre feu digestif.

Ingrédients pour 4 personnes

300 g de semoule couscous complète moyenne
300 g de légumes racines (carottes multicolores et petits navets)
2 ou 3 oignons bulbes (le blanc)
1 cuillerée à café de coriandre en poudre
1 poignée de mélange de graines (courge, tournesol)
1 cuillerée à soupe de curcuma
1 cuillerée à soupe de graines de cumin
30 cl de bouillon de légumes
Ghee
Huile de sésame
Sel

Rincez et nettoyez bien les légumes-racines. Coupez-les en quatre selon leur taille.

Épluchez les bulbes d'oignons et coupez-les également en quatre.

Dans une sauteuse, faites fondre 2 cuillerées à soupe de ghee avec le curcuma et ajoutez les légumes. Salez et laissez dorer pendant 10 minutes en les arrosant de temps en temps avec le jus de cuisson. Ajoutez ensuite 10 cl d'eau, couvrez et laissez les légumes confire pendant 10 minutes, puis ôtez le couvercle et laissez le liquide s'évaporer à feu moyen. Hors du feu, réservez à couvert pour garder les légumes au chaud.

Dans 1 cuillerée à soupe d'huile de sésame, faites frire le cumin et la coriandre. Ajoutez la semoule et enrobez-la bien, puis ajoutez le bouillon de légumes. Coupez le feu, salez légèrement et couvrez.

Torréfiez le mélange de graines jusqu'à l'obtention d'un léger brunissement.

Égrainez le couscous, servez avec les légumes confits et parsemez des graines.

– Infusion à la rose, – gingembre et citron jaune

Pour m'hydrater en prenant soin de moi, tout en prenant plaisir, rien de mieux qu'une tisane. Faire sa tisane peut devenir un rituel magnifique et régénérant dans sa journée (autant que le café). La rose a une action calmante sur le système nerveux. Elle traite l'anxiété et nous aide à lutter contre la morosité. Elle est donc utile pour nos petites dépressions d'hiver. Refroidissante par nature, il faut l'associer à une épice chauffante pour l'hiver, ici le gingembre, avec une pointe de citron pour une touche acidulée. À boire sans modération !

Ingrédients pour 4 personnes

12 boutons de roses
4 cm de gingembre séché pour tisane
1 citron jaune bio non traité

Épluchez le gingembre, et râpez la pulpe.

Faites infuser la pulpe de gingembre, les boutons de rose et les rondelles de citron dans 1 litre d'eau filtrée bouillante.

Laissez infuser hors du feu pendant 15 minutes en couvrant. Servez chaud.

DIY

– Pâte d'ail –
et pâte de gingembre

L'ail et le gingembre constituent la base d'une grande majorité de plats indiens. Cette utilisation quotidienne est largement facilitée par une présentation sous forme de pâte. On peut aussi réaliser une pate mixte, constituée à parts égales d'ail et de gingembre. Pour vos recettes, sachez que 1 cuillerée à café de pâte d'ail équivaut à 3 gousses d'ail et 1 cuillerée à café de pâte de gingembre à 3 cm de gingembre râpé.

Ingrédients pour 250 g de pâte

Pâte d'ail
250 g d'ail
4 à 5 cuillerées d'huile végétale

Pâte de gingembre
250 g de gingembre frais bio
4 à 5 cuillerées d'huile végétale

Pâte d'ail : épluchez et dégermez les gousses d'ail. Passez-les au mixeur avec l'huile végétale.

Pâte de gingembre : épluchez le gingembre. Passez-le au mixeur avec l'huile végétale.

ASTUCE **Ces pâtes se conservent 3 à 4 semaines au frais dans un pot en verre avec couvercle. Recouvrez la pâte d'un filet d'huile végétale pour qu'elle ne s'oxyde pas.**

– Pochon à épices –

À chaque saison son mix d'épices équilibrantes pour aromatiser son riz. Nous avons imaginé des pochons d'épices à infuser dans votre riz pendant sa cuisson pour prendre soin de vous tout en vous faisant voyager.

Ingrédients pour 200 g de riz

1 morceau de gaz
1 à 2 cuillerée à soupe d'épices
200 g de riz Basmati

Placez 1 bonne cuillerée à soupe d'épices dans le morceau de gaz. Fermez bien le sac avec de la ficelle.

Placez le sac avec le riz dans 3 fois son volume d'eau et laissez cuire à feu doux jusqu'à ce que le riz ait complètement absorbé l'eau. Selon les variétés de riz (complet, brun, sauvage), il faudra ajouter de l'eau chaude pour continuer et finir sa cuisson.

Pour les épices : À chaque saison son mix d'épices équilibrants pour aromatiser son riz.

- Hiver : gingembre, cannelle, clou de girofle
- Printemps : poivre noir, curcuma
- Été : coriandre, fenouil, cumin
- Automne : cardamome, gingembre

ASTUCES **Ces petits pochons peuvent aussi servir pour préparer toute autre céréale et/ou légumineuse. Essayez donc aussi avec le sarrasin, l'orge, le couscous, le boulgour, l'avoine… On peut faire de nombreuses variantes avec les épices qu'on a dans notre placard et les herbes aromatiques séchées qui foisonnent sur les marchés (sauge, romarin, lavande…). De quoi booster notre créativité !**
Si vous n'avez pas de morceau de gaz, utilisez un sachet de papier à infusion.

– Lait d'amande –

Quoi de mieux qu'un bon lait chaud dans son lit sous sa couette ? Le lait chaud a depuis longtemps traditionnellement été utilisé le soir pour induire le sommeil. L'ayurvéda a aussi recours à ce breuvage en le mélangeant avec des épices pour augmenter son efficacité à relaxer le système nerveux et à calmer l'esprit.

Ingrédients pour 1 litre

170 g d'amandes complètes
1 litre d'eau
3 ou 4 dattes Medjool
1 pointe de sel

Faites tremper les amandes dans de l'eau pendant toute une nuit (8 à 10 heures). Rincez-les et filtrez-les. Pour une méthode plus rapide, faites-les tremper dans de l'eau bouillante pendant 1 heure.

Avec vos doigts, pincez les amandes pour enlever leur peau (elle rendrait la recette plus difficile à digérer). Dans votre mixeur, placez les amandes blanchies, l'eau et les dattes. Mixez à la vitesse maximale pendant 1 minute.

Avec une étamine, filtrez le mélange. Pressez bien le sac pour en retirer tout le lait (cela peut pendre quelques minutes).

Rincez votre mixeur, et reversez le lait dedans avec le sel. Mixez.

Versez le lait d'amande dans un bocal et conservez-le au réfrigérateur pendant 3 à 4 jours.

DIY

DIY

– Mix de graines –

Ingrédients pour 4 personnes

100 g de graines de tournesol
2 brins de romarin
1 cuillérée à café d'épices au choix : curcuma, gingembre, cumin, une pointe de paprika ou tout simplement massala...
Sel
Poivre

Torréfiez les graines de tournesol pendant quelques minutes dans une poêle à sec puis ajoutez le romarin et les épices. Ajoutez ensuite 1 pincée de sel et de poivre puis laissez-les refroidir.

À savourer sur une salade, avec des légumes ou sur une tartine. Vous pouvez même les mettre dans un petit sachet pour un snack dans la journée ou les servir en apéro « healthy » pour remplacer les cacahuètes.

ASTUCES **Pour une version aux notes plus sucrées, changez les ingrédients. Conservez les graines de tournesol mais utilisez plutôt de la noix de coco, de la cannelle et du gingembre. Faites griller le tout dans une poêle à sec et c'est prêt. Vous pouvez aussi ajouter des fruits secs (raisins, canneberges, mangue, ananas, pomme...) pour un mélange plus gourmand, parfait dans un porridge ou un yaourt.**

– Index par ingrédients –

A

Agneau : p.18, 35, 97
Ail : p.16, 32, 34, 40, 97, 107, 119
Algues : p.16, 35
Aloe vera : p.16
Amande : p.18, 34, 122
Ananas : p.34
Artichaut : p.34, 38
Asperge : p.16, 18, 34, 39, 59
Aubergine : p.16, 25, 35, 78
Avocat : p.18, 26, 34, 41, 88

B

Banane : p.16, 25, 26, 34
Betterave : p.16, 34, 38, 69, 86
Blé : p.18, 26, 34, 41
Bœuf : p.18, 34
Brocolis : p.16, 34, 110

C

Cabillaud : p.74
Café : p.16, 18, 26, 39, 40, 42, 44, 62
Cannelle : p.35, 38, 41
Cardamome : p.26, 30, 35, 80, 94
Carotte : p.34, 38, 115
Cerise : p.34
Champignon : p.18, 34, 40, 91
Chèvre : p.56
Chocolat : p.16, 26
Chou-fleur : p.16, 18, 34, 88
Choux : p.26, 34
Citron : p.16, 25, 26, 34, 40, 116
Concombre : p.34, 39
Coriandre : p.18, 30, 35, 38, 39, 40
Courge : p.16, 18, 34, 40, 92
Courgette : p.16, 18, 34, 39, 56, 59
Crème de coco : p.98, 108
Cresson : p.70,
Crevette : p.18, 34
Cumin : p.35, 38, 115, 125
Curcuma : p.16, 26, 30, 38, 102, 115, 125
Curry : p.18, 34

D

Daïkon : p.34
Datte : p.16, 34, 41, 122

E

Endive : p.16, 34
Épeautre : p.34
Épinard : p.34, 60, 86

F

Fenouil : p.35, 52
Figue : p.18, 34, 62
Fraise : p.34, 83
Framboise : p.34

G

Gambas : p.54,
Ghee : p.16, 22, 25, 26, 31, 39, 98
Gingembre : p.26, 30, 34, 38, 41, 65, 116, 119, 125
Graines de courge : p.34, 86, 92
Graines de moutarde : p.31, 59, 76, 102, 112
Graines de tournesol : p.125
Grenade : p.18, 31, 34, 38, 52, 73, 78

H

Haricot mungo : p.18, 31
Haricot rouge : p.18
Haricot vert : p.16, 34
Huile d'olive : p.22, 39, 41
Huile de coco : p.22, 39, 74
Huile de sésame : p.31

K

Kale : p.34, 39, 104

L

Lait de coco : p.107
Lait : p.16, 18, 25, 26, 40, 65
Laitue : p.16, 18, 34
Lentilles corail : p.18, 34, 73
Lentilles jaunes : p.107
Lotte : p.110

M

Maïs : p.34, 76
Mangue : p.16, 18, 26, 34, 52, 83
Melon : p.25, 34, 80, 83
Menthe : p.35, 69, 74
Miel : p.18, 25, 32, 34, 41, 56

N

Navet : p.16
Noix de coco : p.98
Noix : p.34

O

Œuf : p.18, 25, 34, 39, 104
Oignon : p.16, 18, 35, 39, 104, 112
Okras : p.91
Olive : p.16
Orange : p.34, 38
Orge : p.34

P

Pamplemousse : p.16, 38
Panais : p.34, 86
Paneer : p.76, 92
Pastèque : p.18, 34
Patate douce : p.16, 18, 34, 108
Pêche : p.18, 34
Petit-pois : p.54, 59
Piment : p.18, 34, 110
Poire : p.16, 38, 62
Pois chiches : p.86
Poivron : p.34, 76
Pomme de terre : p.34, 40
Pomme : p.34, 38, 62
Porc : p.18
Potimarron : p.112
Poulet : p.18, 35, 60, 70, 94

Q

Quinoa : p.16, 18, 34, 60

R

Radis : p.16, 34, 39, 70
Radis noir : p.102
Riz : p.18, 31, 34, 40, 110, 112, 120
Romarin : p.125
Rose : p.32, 116

S

Sarrasin : p.16, 34, 52
Sauce soja : p.16, 35
Saumon : p.91
Semoule : p.115
Sésame : p.18, 34, 108
Sucre : p.18, 26, 34

T

Tamarin : p.97
Tapioca : p.25, 34
Thé : p.18, 26, 38, 40, 44, 65
Thon : p.34
Tomates : p.25, 26, 34, 73, 74

V

Vinaigre : p.16, 38, 39

Y

Yaourt : p.16, 25, 26, 34, 54, 69, 76, 78, 94

– Dans la même collection –

– De la même autrice –

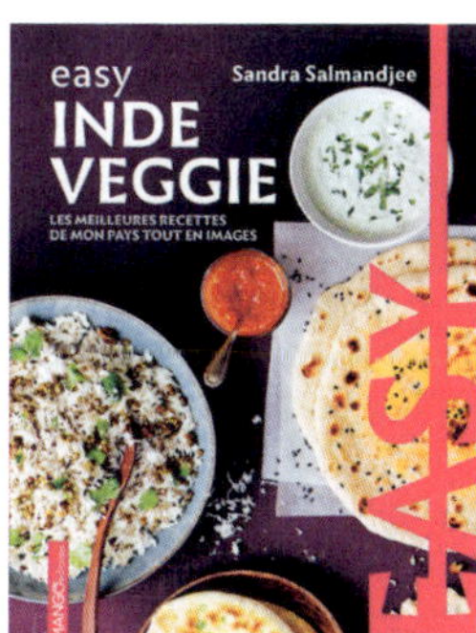

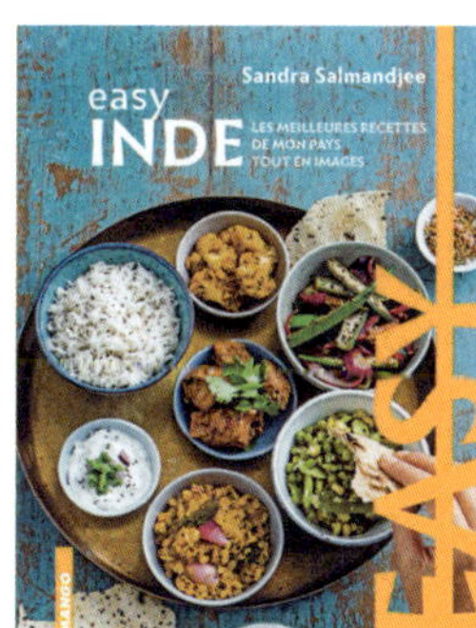

Remerciements

Éloïse Figgé remercie Sanjee pour ce merveilleux travail effectué ensemble, Sandra pour ses magnifiques photographies, les éditions Mango pour leur volonté de promouvoir une cuisine saine et ayurvédique, et enfin le Dr Vasant Lad pour tout ce qu'il lui a appris.

Sandra Salmandjee remercie Éloise Figgé et sa belle énergie, Sandra Mahut pour son implication personnelle et pour avoir retranscrit avec modernité ses recettes, Aurélie, son éditrice, qui a réussi encore à créer une belle cohésion entre tous.

Tissus prêtés par *Jamini Design*.

Direction : Guillaume Pô
Direction éditoriale : Tatiana Delesalle
Édition : Aurélie Cazenave
assistée d'Emma Lombois
Direction artistique : Chloé Eve
Mise en page : Vincent Fraboulet
Direction de fabrication : Thierry Dubus
Suivi de fabrication : Marie Dubourg

N° d'édition : M21138
ISBN : 9782317026751
Code MDS : 63253N1

Achevé d'imprimer en mai 2021
par Graphycems en Espagne.

Dépôt légal : janvier 2021
www.mangoeditions.com

Retrouvez-nous sur Instagram
@mangoeditions

Ce livre s'inscrit dans une démarche écoresponsable. Il est imprimé sur du papier FSC® issu de forêts gérées durablement. Cette certification garantit une empreinte carbone réduite et une gestion raisonnée de la forêt, qui maintient la biodiversité et protège les écosystèmes. Il est imprimé avec des encres végétales, c'est-à-dire fabriquées uniquement à partir de matières premières renouvelables et sans huiles minérales. Il a été imaginé et conçu en France, et imprimé en Europe.

FSC
www.fsc.org
MIXTE
Papier issu de
sources responsables
FSC® C007507